BONSAI FÜR ANFÄNGER

Der praktische Leitfaden zur Kultivierung &
Pflege dieser lebendigen Kunstform

DAICHI HARUKA

Inhalt

Vorwort v
Einleitung ix

1. Geschichte 1
2. Bonsai-Stile 7
3. Drinnen oder draußen? 23
4. Werkzeugkasten 29
5. Aus Samen züchten oder einen Baum kaufen? 37
6. Baumarten 41
7. Worauf man bei einem Baum achten sollte 51
8. Einen Bonsai in einem Topf züchten 57
9. Schneiden und Trimmen 61
10. Verdrahtung 67
11. Wann soll verdrahtet werden? 73
12. Bewässerung und Düngung 79
13. Umtopfen 83
14. Saisonale Pflege 89
15. Präsentation Ihres Bonsais 95
16. Ideen, Tipps und Tricks 99

Nachwort 105
Dankeschön 107
Ressourcen 109

Vorwort

Hallo, mein Name ist Daichi und ich bin Mitglied von The Brothers Green.

Wir – The Brothers Green – sind eine Gruppe von Freunden (mit „grünem Daumen"), die alles lieben, was mit dem Gartenbau zu tun hat. Unsere Mission besteht darin, Ihnen bei allen Aspekten des Züchtens, des Beschneidens, der Pflege ... nun ja, eben bei allen Aspekten der guten alten Gartenarbeit mit Rat und Tat zur Seite zu stehen!

Innerhalb unserer kleinen Gruppe bin ich der Experte für das Thema Bonsai. Möglicherweise haben Sie sich für dieses Buch entschieden, weil Sie mehr über dieses Hobby erfahren möchten. Vielleicht suchen Sie nach einer konkreten Anleitung zur Gestaltung eines Baumes, den Sie bereits besitzen ...

... Oder Sie sind einfach ein Garten-Fan und möchten gerne einige zusätzliche Tipps erhalten, um Ihre Fähigkeiten weiterzuentwickeln.

Was auch immer Ihre Motivation ist: **Ich möchte Ihnen dafür danken, dass Sie sich für dieses Buch entschieden haben.**

Dieses Buch ist darauf ausgerichtet, Ihnen all mein Wissen über Bonsais weiterzugeben, welches ich mir über die Jahre angeeignet habe. Ich werde Sie in die Ursprünge dieser Kunstform bis hin zu Drahtungs- und Formtechniken einführen. Fahren Sie mit Ihrer Lektüre fort, um zahlreiche Tipps und Tricks zu erhalten.

❝

Ich schätze Bäume sehr, sie repräsentieren Alter und Schönheit und die Wunder des Lebens und des Wachstums.

　　　　　　　　　　　　　　　-Louise Dickinson Rich-

Einleitung
KUNST - NATUR - VERBINDUNG

„Bon-sai"

Wörtlich übersetzt bedeutet dieser japanische Begriff „in einen Behälter gepflanzt". Bonsai ist jedoch eine Kunstform, die noch viel mehr bedeutet. Die Bonsai-Kunstform leitet sich von einer alten chinesischen Gartenbaupraxis ab, hat sich kontinuierlich weiterentwickelt und ist heute ein Hobby, das Millionen von Menschen auf der ganzen Welt mit Freude ausüben. Das Züchten und Formen von Bonsai-Bäumen ist erstaunlich befriedigend. Man nimmt einen einfachen Schössling und formt ihn mit viel Geduld. Dann kreieren Sie langsam und mit fortwährender Sorgfalt Ihr eigenes, einzigartiges Kunstwerk.

Und das ist unglaublich bereichernd.

Das Ziel der Bonsai-Kunst besteht darin, ein Abbild eines großen, alten Baumes zu erschaffen, obwohl der eigentliche Baum klein ist. Dies ist möglich, indem ein Bonsai mit starken Wurzeln geschaffen wird, die sich in alle Richtungen ausstrecken. Das Wurzelwerk bildet eine feste Basis und ermöglicht Stabilität. Der Stamm verjüngt sich nach oben und weist wohl definierte und platzierte Äste auf. Ein Bonsai schließt mit einer klar erkennbaren Baumspitze ab. All das zusammen ergibt eine sorgfältig durchdachte Mischung aus Symmetrie, Proportionen und Ausgewogenheit. Eingefleischte Bonsai-Fans kalkulieren sorgfältig jedes einzelne Element. Sogar die Art seiner Präsentation und die Bonsai-Schale harmonieren dabei gut mit der Pflanze.

Bonsai ist die Kunst, Bäume auf engstem Raum zu züchten. Bonsai-Hobbyisten versuchen, bestimmte Umgebungsbedingungen wie Alter, verzerrte Formen, Landschaften, extreme Verwitterung und andere Faktoren zu simulieren. Bonsai-Bäume werden analog zu den Auswirkungen der Natur auf Bäume in reduziertem Maßstab geformt und davon inspiriert.

Das Formen und Züchten eines Bonsais schafft eine neue Ebene der Verbindung zwischen Natur und Mensch. In der heutigen schnelllebigen Welt haben sich viele von uns von der Natur entfernt. Großstädte mit viel Zement und vollgestopften Autobahnen sind zu unserer Realität geworden. Bonsais stellen eine Verbindung zur Natur her, die mehr als nur die Kreation ihres Abbilds in Form eines Miniaturbaums ist. Die Arbeit an einem Bonsai ermöglicht es uns, eine stärkere Verbindung zur Natur herzustellen. Sie werden ein neues Gefühl der Wertschätzung für die Natur gewinnen und möglicherweise damit beginnen, Bäume, Büsche, Sträucher und das Leben an sich (ich weiß, wie kitschig sich das anhört, doch das war bei mir der Fall) aus einer anderen Sicht zu betrachten. Für einige Menschen wird sich diese Verbindung zu einer Form der Meditation und des Ausdrucks manifestieren.

Wenn ein Bonsai-Baum richtig gepflegt wird, kann er hunderte von Jahren alt werden. Einige werden von Generation zu Generation als Familienerbstück weitergegeben. Auf diese Weise wird der ursprüngliche Besitzer immer für seine Kreation, die dadurch weiterlebt, in Erinnerung behalten und bewundert werden.

In diesem Buch werden wir Sie in die Geschichte dieser Kunstform einführen und Ihnen die Techniken vorstellen, die Sie beim Züchten Ihrer eigenen Bonsai-Meisterwerke unterstützen. Das Besondere daran ist, dass es keinen „einzig richtigen" Weg gibt, dies zu tun. Bonsai ist keine Kunst der Perfektion. Jeder Bonsai-Meister war einmal ein Anfänger. Aus diesem Grund ermutige ich Sie dazu, das Lesen dieses Buches und den damit einhergehenden Lernprozess zu genießen. Los geht's!

Unsere Gehirne sind wie Bonsai-Bäume, die um unsere privaten Versionen der Realität wachsen.

-Sloane Crosley-

1

Geschichte

Obwohl das Wort „*Bonsai*" aus dem Japanischen stammt, entstand diese Kunstform ursprünglich in China. Die Bonsai-Kunst verfügt über eine lange Tradition und Geschichte, die mehr als tausend Jahre zurückreicht. Um das Jahr 700 n. Chr. begannen die Chinesen damit, eine Kunstform zu pflegen, die sie als „*Pun-Sai*" bezeichneten. Unter Pun-sai verstand man ein Handwerk, bei dem einzelne Zwergbäume in Töpfen gezüchtet werden. Die Bäume besaßen sehr wenig Laub und ihre schroffen Stämme waren ihre auffälligste Eigenschaft. Die Stämme sahen oftmals wie Drachen, Vögel oder andere Tiere aus. Innerhalb der Pun-Sai-Kunst gibt es zahlreiche Mythen und Legenden, wodurch diese auch heutzutage noch sehr geschätzt wird.

Japan - Kamakura-Periode (1185 - 1333)

Im Laufe der Zeit übernahm Japan viele kulturelle Elemente Chinas. Dies trifft insbesondere auf die Kamakura-Periode (1185 - 1333) zu. Dies war die Zeit, als sich der Zen-Buddhismus rasend schnell in ganz Asien verbreitete. Buddhistische Mönche pflegten und stellten Bonsai-Bäume in ihren Klöstern aus. Auf diese Weise kam die Bonsai-Kunst nach Japan. Es ist umstritten, wann genau die Bonsai-Kunst nach Japan kam. Schätzungen zufolge war dies jedoch um 1195 n. Chr. der Fall.

Als die Kunstform nach Japan kam, entwickelte sie sich stetig weiter. Anfangs waren die Bäume nur in Klöstern zu sehen, doch im Laufe der Zeit wurden sie zum Symbol für Prestige und Ehre. Dies bedeutete, dass jeder, von Aristokraten bis hin zu gewöhnlichen Bauern, eine Art Baum in einem Topf wachsen ließ. Die Ideale und die Philosophie der Bonsai-Kunst haben sich im Laufe der Jahre verändert und weiterentwickelt. Für die Japaner repräsentiert Bonsai eine Mischung aus alten Glaubensüberzeugungen und der Einheit zwischen Natur, Mensch und Seele.

Die Bonsai-Kunst gewann während der gesamten Kamakura-Zeit weiter an Ansehen. Sie galt als elegante Praxis und hoch entwickelte Kunstform. Wir können die Entwicklung der Bonsai-Kunst in japanischen Kunstwerken und Schriftrollen sehen. Töpfe mit Zwergbäumen finden sich in zahlreichen Gemälden und Zeichnungen aus dieser Zeit wieder. Die Oberschicht bewunderte und nahm die Bonsai-Kunst an. Auf diese Weise wurde sie Teil der japanischen Kultur. Dies ging sogar so weit, dass Bonsai-Bäume zu besonderen Zeiten in Häuser gebracht wurden, um sie dort auszustellen. Genau wie wir uns ein Gemälde mit einem schönen Rahmen in unser Heim hängen, so wurde dasselbe mit Bonsais gemacht. Die „japanische Elite" stellte die Bäume auf speziell dafür gestalteten Regalen aus. Das Beschneiden der Pflanzen fand noch nicht statt, doch die Kunst war ab sofort nicht mehr nur für den Außenbereich reserviert.

17. und 18. Jahrhundert

Die japanische Kunst gewann in dieser Zeit große Popularität und wurde hoch angesehen. Die Bonsai-Kunst gehörte zu den wichtigsten Aspekten der japanischen Kultur. Die Kunst war raffinierter geworden und hatte einen fast minimalistischen Touch gewonnen. Der wichtigste Faktor in Bezug auf die Pflege der Bäume bestand darin, alles Unwichtige zu entfernen. Nur die wichtigsten Teile der Pflanze wurden erhalten, der Rest wurde sorgfältig und künstlerisch entfernt. Diese minimalistischen Ideale spiegeln sich in der japanischen Philosophie dieser Zeit wider: Die Reduktion auf das Wesentliche.

In der Mitte des 17. und 18. Jahrhunderts wandelte sich die Bonsai-Kunst von einer Kunstform, die der Oberschicht vorbehalten war, zu einer alltäglichen Kunstform für die normale Bevölkerung Japans. Dies führte zu einem stärkeren Anstieg der Nachfrage nach kleinen Bäumen. Immer mehr Zwergbäume wurden in der Natur eingesammelt. Dieser Anstieg der Nachfrage führte dazu, dass die Bonsai-Kunst immer tiefer in der japanischen Kultur und Tradition verankert wurde.

Die Entwicklung der verschiedenen Stile

Bonsai-Künstler begannen damit, mit verschiedenen Stilen zu experimentieren. Es entstand eine kreative Freiheit und die Bonsai-Kunst begann sich immens zu verändern. Zudem wurde die Verbindung zwischen Natur, Mensch und Seele erweitert. Bonsai-Künstler brachten andere kulturell wichtige Elemente in ihre Pflanzenkunst ein, wie zum Beispiel Felsen oder verschiedene Landschaften.

Diese Freiheit erschuf die Künste, die als *„Bon-Kei"* und *„Sei-Kei"* bezeichnet werden.

Bon-Kei bedeutete, eine Szene um ein Bonsai-Kunstwerk mit kleinen Gebäuden und sogar Menschen zu erschaffen.

Sei-Kei bedeutete, dass ein Künstler eine Landschaft duplizierte, die er in Miniaturform um eine Bonsai-Pflanze herum gestaltete.

Mitte des 19. Jahrhunderts

Zu diesem Zeitpunkt öffnete sich Japan für den Rest der Welt. Japan hatte seit über 230 Jahren in globaler Isolation gelebt und jetzt konnten Reisende aus aller Welt die Traditionen und Schätze des Landes bestaunen. Auch in der westlichen Welt wurden die interessanten Miniaturbäume in Keramiktöpfen schnell populär. Kunstausstellungen in Europa nahmen Bonsai-Werke auf und von dort aus entwickelte sich die Bonsai-Kunst zu einem weltweit anerkannten Handwerk.

Nun begann ein rasanter Anstieg der Nachfrage nach Bonsais, da die Kunstform weltweit immer populärer wurde. Die Japaner konnten das wachsende Interesse schnell nutzen. Es gab einen Mangel an natürlichen Bonsai-Pflanzen, sodass die kommerzielle Produktion begann. Künstler züchteten junge Pflanzen, damit diese wuchsen und wie Bonsais aussahen. Die Zuchttechniken wurden mit Hilfe von Draht- und Bambusspießen verfeinert und weiterentwickelt. Es wurden Baumschulen eröffnet, die ausschließlich dem Anbau, der Zucht und dem Export von Bonsai-Bäumen gewidmet waren. Grundlegende Stile wurden übernommen, was den Betrieb optimierte.

Die verschiedenen Regionen der Welt haben unterschiedliche Klimazonen und unterschiedliche klimatische Bedingungen. Deswegen wurden unterschiedliche Pflanzenarten verwendet, damit die Bonsai-Kunstform auf der ganzen Welt möglich wurde. Diese globale Expansion und Pflanzenvielfalt entwickelte die Bonsai-Kunst weiter. Auch die Bonsai-Techniken entwickelten sich weiter und heute kann man je nach Land und Kultur unterschiedliche Stile erkennen. Die japanischen einheimischen Arten für Bonsais sind Kiefern, Ahorn und Azaleen. Diese gelten als traditionelle Bonsai-Pflanzen. In anderen Ländern werden Feigenbäume, Eichen, Ulmen und viele andere Baumarten verwendet.

Heute

Heute ist die Bonsai-Kunst weltweit als Symbol der japanischen Kultur anerkannt. Sie ist dort ein integraler Bestandteil des Lebens, da Bonsai-Bäume zu Feiertagen und besonderen Anlässen einfach dazugehören. Wie ich oben bereits erwähnt habe, war die Bonsai-Kunst früher eher der Oberschicht vorbehalten. Heutzutage handelt es sich jedoch um eine Kunstform, die bei allen Bevölkerungsschichten gleichermaßen beliebt ist.

Die Entwicklung der Bonsai-Kunst zeugt von der langjährigen Verbindung zwischen Mensch und Natur. Und die verschiedenen Bonsai-Stile, die es mittlerweile gibt, beweisen, wie klein die Welt geworden ist.

In China und Japan gibt es Bonsais, die über 1.000 Jahre alt sind ...

-Bonsai-Fakten von Verdissimo-

2

Bonsai-Stile

Es gibt zahlreiche Bonsai-Stile, doch wir werden uns mit fünf grundlegenden Stilen näher befassen. Zunächst möchte ich noch einmal betonen, dass es keinen „richtigen" Stil gibt. Die Bonsai-Kunst soll einen Baum, wie er in der Natur vorkommt, darstellen und nachahmen. Bei der Herstellung eines Meisterwerks geht es darum, wie Sie selbst die Kunst sehen. Alle Stile sind offen für persönliche Kreativität und Interpretationen. Die Stile sollen nur ein grundlegendes Verständnis der Kunstform vermitteln und als mögliche Richtlinien gelten.

Sie sollten versuchen, dass Ihr Bonsai-Baum so natürlich wie möglich aussieht. Dies kann nur geschehen, indem Sie gemeinsam mit der Pflanze arbeiten. Lassen Sie mich diese Aussage näher erläutern. Wenn Ihre Pflanze bestimmte Eigenschaften hat, sie sich zum Beispiel nach links biegt, dann erlauben Sie ihr, dies zu tun. Ich empfehle Ihnen, sich von Ihrem Bonsai-Bäumchen „Vorschläge" machen zu lassen. Arbeiten Sie mit diesen Vorschlägen, damit diese natürlichen Eigenschaften zu einer wunderschönen Kreation Ihres Bonsais werden. Wenn Sie auf Ihren Baum

„hören", können Sie eine natürliche und inspirierende Kreation schaffen.

Nachdem Sie Ihren Bonsai-Baum untersucht haben, stellen Sie möglicherweise fest, dass er gut zu einem Stil oder sogar zu mehreren Stilen passt. Dies ist ein Teil der Schönheit dieser Kunstform. Keine Pflanze wird gleich sein und meistens können Sie einen Baum nach verschiedenen Stilen züchten. Sie arbeiten mit einer lebenden Pflanze. Selbst wenn sie anfangs aufrecht steht (wie eine Buche) oder elegant glatt und schlank ist (wie ein Ahorn), können wir dennoch interpretieren, dass unsere Pflanze zu einer Vielzahl von Stilen passt.

Im Laufe der Zeit erkennt Ihr Auge instinktiv verschiedene natürliche Muster. Auf diese Weise können Sie mit Ihrer Pflanze arbeiten und sie so züchten, dass sie sauber und zielgerichtet wächst. Halten Sie die Wachstumsphasen aus (... und vielleicht einige Schmerzen) und Sie werden dafür belohnt werden.

Die fünf Bonsai-Stile, die wir untersuchen werden, sind die folgenden: streng aufrecht, frei aufrecht, Kaskadenform, Halbkaskadenform und geneigt. Ich habe diese Stile nicht vom besten zum schlechtesten Stil aufgelistet, da es so etwas nicht gibt. Jeder Stil hat seine eigene Schönheit und Ruhe und ist offen für unterschiedliche Interpretationen.

Streng aufrechte Bonsaiform (Chokkan)

Streng-Aufrecht - Bildquelle: Creative Commons, Autor: Neitram, Herausgeber: Simon Eugster, 20. Juli 2006

Der aufrechte Stil ist eine Form, die man bei Bonsai-Pflanzen häufig sieht. Es handelt sich hierbei um das natürliche Wachstum, das auftritt, wenn ein Baum unter perfekten Bedingungen wächst. Dies bedeutet, dass die Pflanze viel Licht ausgesetzt ist und keine konkurrierenden Bäume um sie herum sind. Das Hauptelement dieses Stils ist ein perfekt gerader Stamm, der sich auf natürliche und gleichmäßige Weise von der Basis bis zur Spitze verjüngt. Dies bedeutet, dass der Stamm unten dicker ist und bis zu seiner Spitze zunehmend dünner wird. Die Äste des

Baumes im aufrechten Stil sollten symmetrisch und gleichmäßig verteilt sein, damit der Baum äußerst gleichmäßig aussieht. Dies ist ein sehr herausfordernder Stil.

Die Baumarten, die ich für diesen Stil empfehlen kann, sind:

- Kiefern
- Fichten
- Wacholder-Bäume

Diese Pflanzen folgen auf natürliche Weise den zuvor genannten Eigenschaften.

Um diesen Stil richtig zu erreichen, sollte die Verzweigung bei etwa einem Drittel bis einem Viertel der Gesamtlänge des Stammes beginnen. Dadurch wird der unterste dickste Teil des Stammes von vorne sichtbar. Es ist üblich, dass die Platzierung von Zweigen einem Muster folgt. Der erste Ast von unten nach oben ist der längste. Um die Verhältnismäßigkeit zu gewährleisten, wird er so gezüchtet, dass er auf etwa einem Drittel der Gesamthöhe des Baumes anwächst. Ihr Ziel besteht darin, dass dieser erste Zweig in einem 90-Grad-Winkel wächst. Dies ist der längste und schwerste Zweig Ihres Bonsais.

Wenn wir höher auf unseren Bonsai „klettern", finden wir unseren zweiten Zweig. Der zweite Ast konkurriert direkt mit dem ersten, er liegt nur etwas höher am Stamm. Dieses treppenartige Muster setzt sich bis zur Spitze unseres Bonsai fort. Je höher die Aststruktur nach oben steigt, desto kürzer werden die Äste und der Baum entwickelt eine kegelförmige bzw. speerartige Form.

Die Baumspitze des „streng-aufrechten" Bonsai-Stils ist im Allgemeinen dick mit Blättern bewachsen. Dies macht es schwierig, in den Baumwipfel hineinzublicken und die innere Struktur der Bonsai-Pflanze zu erkennen. Wie ich oben bereits erwähnt habe, ist das Hauptmerkmal dieses Stils ein gerader Stamm. An der Baumspitze sollte sich jedoch ein Ast befinden. Dies wird erreicht, indem in jedem neuen Jahr die wachsende Spitze des Stammes abgeschnitten und ein neuer Ast auf der Spitze positioniert wird. Nun bildet ein Ast die Spitze des Bonsais. Dies ist eine schwierige Aufgabe, die jedoch bei ordnungsgemäßer Ausführung hervorragende Ergebnisse liefert.

Frei aufrechte Bonsaiform (Moyogi)

Frei-Aufrecht - Bildquelle: Creative Commons, Autor: Neitram, Herausgeber: Simon Eugster, 20. Juli 2006

Der frei-aufrechte Stil ist ein weiterer in der Bonsai-Kunst häufig anzutreffender Stil. Dieser Stil ist auch in der Natur weit verbreitet. Bäume biegen oder ändern ihre Richtung in S-Form, abhängig von vielen Faktoren wie Wind, anderen Bäumen, Gebäuden, Schatten oder Bewegungen in Richtung Licht. Beim frei-aufrechten Stil soll sich der Baumstamm geringfügig entweder nach links oder rechts biegen.

Hinweis von den Brothers Green: In der Bonsai-Kunst sollte sich ein Baumstamm niemals in Richtung des Betrachters beugen. Ein Bonsai sollte so präsentiert werden, dass seine kurvigen Eigenschaften sichtbar sind (... wenn er welche hat).

Die Baumarten, die ich für diesen Stil empfehlen kann, sind:

- Japanischer Ahorn
- Dreispitz-Ahorn
- Nadelbäume
- Zierbäume

Für dramatische Ergebnisse:

- Granatapfel und andere blühende Bäume

Ein frei-aufrechter Bonsai folgt zahlreichen Grundprinzipien eines streng-aufrechten Bonsais, er ist einfach nur (Sie haben es bestimmt schon erraten ...) frei. Der Pflanzenstamm wächst ebenfalls in einer konischen Form, jedoch sind die Richtung und die Positionierung der Zweige stärker ausgeprägt. Ein solcher Baum zeigt Informalitäten, die bei einem Baum auftreten würden, der von Anfang an einer Vielzahl von Elementen ausgesetzt war. Der Stamm wächst kurvig oder ist verdreht mit strategisch positionierten Ästen, um diese Effekte auszugleichen. Es ist üblich, dass sich bei jeder Umdrehung oder Drehung eine Verzweigung ergibt.

Die Krone eines „frei-aufrechten" Bonsais ähnelt der Baumspitze eines „streng-aufrechten" Bonsais, die ebenfalls dicht mit Laub bedeckt ist. Das Schöne an diesem Stil ist, dass sich die Spitze des Baumes – obwohl er gekrümmt ist oder eine Reihe von Verdrehungen aufweist – immer direkt oberhalb der Basis des Baumes befindet.

Kaskaden-Bonsaiform (Kengai)

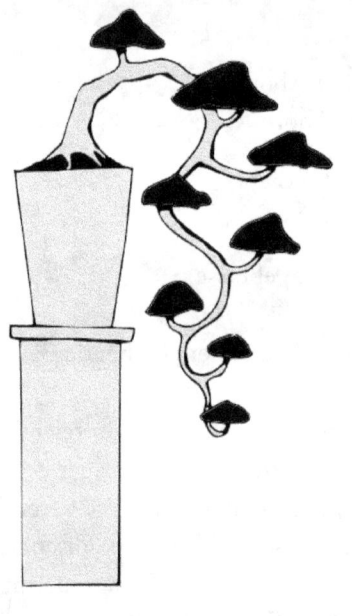

Kaskade - Bildquelle: Creative Commons, Autor: Neitram, Herausgeber: Simon Eugster, 20. Juli 2006

Dies ist ein sehr interessanter Bonsai-Stil. Die Spitze eines Bonsais im Kaskadenstil reicht bis unterhalb des Bodens seines Topfes oder Behälters. Für manche mag es seltsam erscheinen, doch dies ist ein normales Ereignis in der Natur. Ein Baum, dessen Spitze unterhalb seiner Basis wächst? Dies geschieht, wenn ein Baum auf einer steilen Klippe wächst und sich in Abhängigkeit von vielen Faktoren (Licht, Felsen, Schnee und einer Vielzahl anderer Gründe) nach unten biegt. Ein Bonsai in diesem Stil soll den Kampf zwischen Natur und Schwerkraft symbolisieren. Der Baumstamm wird wie bei den zuvor erwähnten Stilen immer dünner, nur dass dieser nach unten wächst. Die Äste dieser Pflanzen wachsen jedoch immer noch nach oben und suchen das Licht. Dieser Stil spiegelt die tatsächliche Form eines Baumes wider, der zwar schwierige Wachstumsbedingungen hatte, aber dennoch erfolgreich war.

Die Baumarten, die ich für diesen Stil empfehlen kann, sind:

- Wacholder (Chinesischer Wacholder, Grüner Hügel, Nadel, Japanischer Garten)
- Kiefern (japanische schwarz-weiß Kiefern, Waldkiefern, Bergkiefern)

Es gibt zahlreiche andere Baumarten, die für diesen Bonsai-Stil verwendet werden können. Es ist einfach wichtig, dass Sie darauf achten, dass der Baum nicht von Natur aus gerade oder aufrecht ist. Der Versuch, einen natürlich geraden Stamm zu züchten, der einfach nur nach unten zeigt, wird nicht das Aussehen erzeugen, den wir bei diesem Stil wollen.

Es ist nicht leicht, einen Baum zu züchten, der nach unten wächst. Alle Bäume neigen von Natur aus dazu, in Richtung der Sonne nach oben zu wachsen. Dies erfordert eine Menge sorgfältiger Draht- und Verankerungsarbeiten. Wenn Sie dies jedoch schaffen, ist der Kaskadenstil unglaublich beeindruckend. Er verfügt über einen sehr eleganten, frei fließenden Look. Obwohl die Pflanze nach unten wächst, breiten sich ihre Äste gleichmäßig oder abwechselnd aus und verleihen dem Bonsai ein ausgewogenes Aussehen.

Der Kaskadenstil wäre nicht perfekt, wenn der Baum nicht in einem hohen, schmalen Topf wachsen würde. Dies verbessert den Stil und schafft einen insgesamt dramatischeren Look.

Halbkaskaden-Bonsaiform (Han-Kengai)

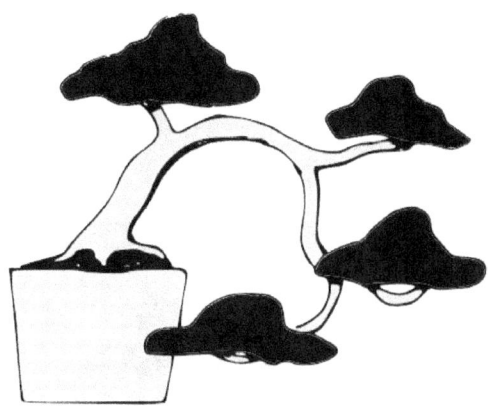

Halb-Kaskade - Bildquelle: Creative Commons, Autor: Neitram, Herausgeber: Simon Eugster, 20. Juli 2006

Der Halbkaskaden-Stil ist nahezu identisch mit dem Kaskaden-Stil. Der einzige Unterschied besteht darin, dass sich die Spitze des Baumes nicht unterhalb der Basis befindet. Eine Halbkaskade findet sich in der Natur genau wie der Kaskadenstil auf Klippen wieder, jedoch auch häufig an Flussufern und Seen. Dieser Bonsai-Stil wird von vielen als der Inbegriff der Schönheit innerhalb dieser Kunstform angesehen. Wie ich bereits erwähnt habe, hängt dies jedoch von persönlichen Vorlieben ab. Es gibt keinen „besten" Stil.

Die Baumarten, die ich für diesen Stil empfehlen kann, sind:

- Blühende Kirschbäume
- Wacholder-Bäume
- Zedern

Die Verzweigung ist ähnlich wie beim Kaskaden-Stil, nur endet die Krone normalerweise knapp über dem Rand des Topfes oder Behälters.

Geneigte Bonsaiform (Shakan)

Geneigt - Bildquelle: Creative Commons, Autor: Neitram, Herausgeber: Simon Eugster, 20. Juli 2006

Sie erkennen sicherlich sofort, warum dieser Bonsai-Stil als geneigter oder auch schräger Stil bezeichnet wird. Hierbei handelt es sich um Bonsai-Bäume, die sich in eine Richtung neigen. Dies tritt in der Natur auf, wenn ein Baum an Stellen mit starkem Wind oder dunklen Schatten wächst.

Ein Baumstamm in diesem Stil kann gerade oder gebogen sein, er muss sich jedoch in eine Richtung neigen. Es ist wichtig, dass die Wurzeln der Pflanzen tief und gut entwickelt sind. Insbesondere auf der Seite entgegen der Richtung, in die er sich neigt. Auf diese Weise kann der Baum gut unterstützt werden, denn die Wurzeln müssen viel Gewicht halten, damit der Baum nicht umfällt.

Für diesen Stil kann ich fast jeden Baum empfehlen, da er relativ einfach ist. Folgende Baumarten eignen sich jedoch hervorragend dazu:

- Ahorn
- Kiefern
- Japanische Zedern

Der erste Ast wächst auf der gegenüberliegenden Seite der Richtung, in die sich der Baum neigt. Dies schafft das Gefühl eines besseren Gegengewichts. Geneigte Bonsais haben ähnliche Eigenschaften wie streng aufrechte und frei aufrechte Bonsais. Der Pflanzenstamm kann gebogen oder gerade sein, er wird jedoch in jedem Fall nach oben hin schmaler. Sein Hauptmerkmal ist die „Neigung" nach links oder rechts. Die Baumspitze befindet sich niemals direkt über der Basis des Bonsais.

Sie können diesen Look ganz einfach mit Ihrem Bonsai erzielen. Hierfür haben Sie zahlreiche Möglichkeiten. Wenn Ihr Baum noch jung ist, kann er ganz leicht dazu gebracht werden, sich zu neigen.

Dies erreichen Sie, indem Sie den Baumstamm so lange verdrahten, bis er sich in Position befindet. Wir werden die Verdrahtung in den Kapiteln 10 und 11 genauer untersuchen.

Eine andere kreative Technik, die üblicherweise verwendet wird, um diesen Stil zu erreichen, besteht darin, den Topf oder Behälter des Bonsais schräg zu stellen. Dadurch wächst der Baum auf natürliche Weise nach oben. Wenn der Topf dann wieder in seine gerade Position gestellt wird, wird der Baum in eine Richtung geneigt.

Die Zweige in diesem Stil sehen am besten aus, wenn ihre Blätter nach oben wachsen und nicht zum schiefen Stamm hin. Einige Meister finden, dass es auch optisch ansprechender ist, wenn die Zweige leicht nach unten wachsen.

... Noch mehr Stile!

Wir haben gerade die fünf Grundstile der Bonsai-Kunst besprochen. Im Laufe der Jahre haben sich zahlreiche neue Stile entwickelt. Sie alle ähneln sich und ahmen stets Szenen nach, die in der Natur zu finden sind. Obwohl alle Stile technisch gesehen eigene Stile darstellen, so lassen sich die meisten von ihnen dennoch auf einen der Stile zurückführen, die wir oben beschrieben haben.

Das Ziel besteht nicht darin, dass der Baum wie ein Bonsai aussieht, sondern dass der Bonsai wie ein Baum aussieht.

-John Naka-

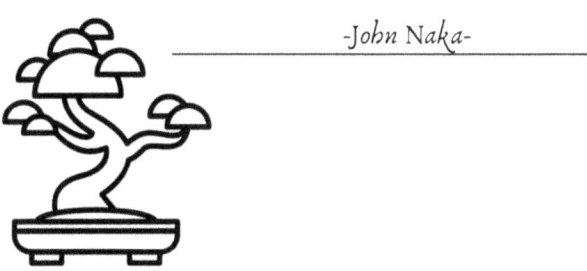

3

Drinnen oder draußen?

Sie sind vermutlich der Meinung, dass Bäume meistens draußen wachsen, stimmt's? Das ist vollkommen richtig und die Bonsai-Kunst wird im Allgemeinen als Kunstform im Freien bezeichnet. Diese Kunstform kann jedoch sowohl drinnen als auch draußen auf wunderschöne Art und Weise präsentiert werden. Die Bonsai-Kunst ist die Miniaturisierung von Bäumen, die als Topfpflanzen in Häusern präsentiert werden. Die Meinungen darüber, wo Bonsai-Bäume gezüchtet werden sollen, variieren.

Ehrlich gesagt gibt es keine richtige Antwort. Obwohl Sie viel bessere Ergebnisse erzielen werden, wenn Sie Bonsai-Bäume draußen anstatt im Inneren von Häusern züchten, so ist es dennoch technisch möglich, sie drinnen zu halten. Abhängig von der Baumart werden solche Indoor-Bonsai-Bäume wahrscheinlich nicht auf die gleiche Weise gedeihen, sie werden aber auch nicht sterben.

Es ist wichtig, dass Ihnen bewusst ist, dass Sie einen richtigen Baum züchten. Er mag zwar einige Eigenschaften einer Zimmerpflanze haben, braucht jedoch dieselbe Pflege wie ein Baum. Bäume benötigen viel Sonnenlicht, eine gute

Luftzirkulation und eine optimale Luftfeuchtigkeit. Viele Baumarten müssen auch verschiedene saisonale Veränderungen durchlaufen, um richtig wachsen zu können. Sie müssen die vier Jahreszeiten Frühling, Sommer, Herbst und einen kalten Winter erleben. Dies ist in unseren Häusern nur schwer zu simulieren. Ein solcher Haus-Bonsai bekommt viel weniger Licht, die Luft ist im Inneren des Hauses trockener, die Luftfeuchtigkeit niedriger und Ihr Baum wird niemals den Winter erleben. Dieser letzte Punkt ist entscheidend, da die meisten Baumarten einige Monate ruhen müssen. Ohne einen kalten Winter wird ein Baum niemals so gut gedeihen wie er könnte.

Bonsais, die im Freien kultiviert wurden, können vorübergehend im Inneren ausgestellt werden. Es passiert selten, dass ein Baum aus der freien Natur sofort stirbt, wenn er ins Innere eines Hauses gebracht wird und dort weiter gezüchtet wird. Bäume können in Innenräumen monatelang und einige sogar jahrelang überleben. Die Gesundheit der Bäume wird sich jedoch langsam verschlechtern, was sie anfällig für Krankheiten macht. Dies kann mit einer langsamen Verschlechterung unseres Immunsystems verglichen werden. Einfache Krankheiten können schwerwiegende Folgen haben. Das Gleiche gilt auch für Bonsai-Bäume ... Solche Bäume sind anfällig für Insekten und Krankheiten, zeigen bald Anzeichen eines schlechten Gesundheitszustands (Vergilbung und Verlust von Blättern) und sterben langsam ab.

Es gibt einige Baumarten, die Innenraumbedingungen vertragen. Diese benötigen viel Aufmerksamkeit und Sorgfalt. Es ist wichtig, dass Sie einem Bonsai den richtigen Platz in Ihrem Haus zuweisen. Es gibt auch einige Baumarten, die einen Winter im Freien nicht überleben würden. Dies sind meist tropische und subtropische Sorten, die

Temperaturen unter 4 bis 10 Grad Celsius nicht überstehen. Dies bedeutet, dass Sie solche Bäume drinnen halten müssen wenn Sie in einer Region mit kalten Wintern leben. Bei Temperaturen über 10 Grad Celsius können die Bäume draußen gelassen werden.

Zu den Pflanzenarten, die sich gut als Indoor-Bonsais eignen, gehören folgende:

- Aralia
- Azaleen
- Zimmertannen
- Ficus
- Buchsbäume
- Gardenie
- Junischnee

*Hinweis von den Brothers Green: Alle oben genannten Pflanzen können verdrahtet werden, um sie während des Wachstums in verschiedene Richtungen zu lenken. Sie sind alle holzige Sprossachsengewächse.

Wenn Sie einen Bonsai in Innenräumen züchten, empfehle ich die Verwendung von Pflanzenlampen. Zwölf Stunden Licht von diesen Pflanzenlampen funktionieren gut. Während der Sommermonate ist es am besten, einen Bonsai draußen im Halbschatten zu lassen.

Es gibt keine Nadelbaumarten, die das Wachstum in Innenräumen zwei bis drei Jahre überleben können. Nadelbäume sind Gehölzpflanzen und kommen auf der ganzen Welt vor. Die meisten Bonsai-Bäume gehören zu den Nadelbaumarten.

In milden Klimazonen ist es für die meisten Bonsais am besten, draußen zu bleiben. Die gemäßigten Klimapflanzen benötigen Winterschutz. Sie brauchen die erforderliche Ruhezeit und es ist besser, sie ins Haus zu bringen. Auf diese Weise müssen Sie sich keine Sorgen um das Absterben der Pflanzen machen und sie können unter perfekten Bedingungen weiter wachsen.

Die meisten Anfänger freuen sich sehr darauf, ihre Bonsais im Haus zu halten. Ich empfehle Ihnen jedoch, sich zunächst die Fähigkeiten anzueignen, um Ihre Pflanze(n) im Freien zu züchten. Irgendwann werden Sie genug Erfahrung haben, um Ihre Kunstwerke in Innenräumen zu züchten und auszustellen, doch dies braucht Zeit.

Die Erde sagt so viel zu denjenigen, die zuhören.

-Rumi-

4

Werkzeugkasten

Das Züchten eines Bonsai-Meisterwerks erfordert viel Arbeit. Sie müssen auf die Pflege der Pflanze achten, auf Stil, Wachstum und Formgebung und dann gibt es auch noch einige Details. All diese Anstrengungen machen den Einsatz der richtigen Werkzeuge erforderlich.

Genau wie Ihr Bonsai ein sehr minimalistisches Aussehen hat, so ist auch nur eine minimale Anzahl an Werkzeugen erforderlich. Diese Werkzeuge erleichtern und beschleunigen bestimmte Aufgaben. Sie variieren im Preis - von einigen wenigen Euro bis hin zu Hunderten von Euro. Ich empfehle Ihnen, kein Vermögen für Ihre Werkzeuge auszugeben und ein Basisset zu einem Preis zu kaufen, den Sie sich leisten können. Im Laufe der Zeit können Sie sehen, ob Sie einen erweiterten Satz benötigen oder ob zusätzliche Werkzeuge erforderlich sind. Bei richtiger Pflege und Verwendung halten Ihre Werkzeuge ein Leben lang.

Im Folgenden werde ich auf einige der grundlegenden Werkzeuge eingehen, deren Kauf Sie in Betracht ziehen können.

Konkave Schneidewerkzeuge

Hierbei handelt es sich um einige der wichtigsten Werkzeuge, die Sie bei dieser Kunstform brauchen. Mit diesen Schneidwerkzeugen können Sie Ihren Baum von übermäßigen Verzweigungen befreien. Konkavschneider hinterlassen zudem beim Entfernen eines Astes eine sehr interessante Wunde. Diese Schnitte sind fast makellos. Ebenso heilen sie auch schnell und schon bald kann man kaum mehr erkennen, dass hier jemals ein Schnitt gemacht wurde. Dieses Werkzeug wird Ihre Fähigkeiten verbessern und ist daher ein wesentlicher Bestandteil Ihrer Sammlung.

Scheren

Scheren sind ein notwendiges Werkzeug, um auf kleinem Raum gute Arbeit zu leisten. Vertrauen Sie mir, Sie werden eine Menge Arbeit auf kleinem Raum haben, wenn es um Bonsais geht. Es ist am besten, wenn die Schere sehr scharf ist und es ist optimal, wenn diese nur für Bonsai-Arbeiten verwendet wird. Zuerst mag eine kleine Astschere ausreichend sein, doch irgendwann wollen Sie sicherlich zu einer speziellen Schere oder einem besonderen Schneidewerkzeug wechseln.

Draht und Drahtschneider

Drahtschneider müssen nicht Ihr dringendster Kauf sein. Irgendwann werden Sie jedoch Ihre Pflanzen verdrahten und das bedeutet auch, dass Sie die Verdrahtung irgendwann wieder entfernen müssen. Drahtschneider erleichtern Ihnen diesen Vorgang. Sie helfen Ihnen dabei, die Verdrahtung zu durchtrennen, ohne Ihren Baum zu beschädigen. Obwohl Sie solche Werkzeuge nicht gleich zu Beginn benötigen, so werden sie dennoch zu einem späteren Zeitpunkt ein wichtiges Werkzeug sein.

Auch eine Menge Draht wird schon bald Teil Ihrer Werkzeugsammlung sein. Es ist am besten, eloxierten Kupferdraht in verschiedenen Stärken zu kaufen. Diese Art von Draht ist sehr flexibel und formbar, sodass Sie Ihren Bonsai richtig formen können. Wenn der Draht gebogen und richtig positioniert ist, sitzt er fest und kann den Bonsai richtig formen. Ich werde die Verdrahtung in Kapitel 10 genauer erläutern. Sie benötigen Drähte, um die Zweige zu positionieren und zu formen.

Pinzetten

Pinzetten sind sehr nützlich für die Pflege von Bonsai-Bäumen. Sie können sie dazu verwenden, um zu viel Wachstum zu verhindern und einige kleinere Details zu entfernen. Pinzetten sind ideal für diejenigen, die diese kleinen Pflanzenteile entfernen möchten.

Knopfschneider

Knopfschneider und Konkavschneider funktionieren fast auf dieselbe Weise. Der einzige Unterschied besteht darin, dass die Knopfschneider einen kugelförmigen Kopf haben. Dies bedeutet, dass beim Schneiden eines Astes keine Rückstände zurückbleiben, sondern eine kleine, ausgehöhlte Narbe. Dies kann nützlich sein, wenn Sie Alterungen oder andere visuelle Merkmale an Ihrem Baum möchten.

Kleine Säge/Klappsäge

Der Besitz eines Miniaturbaums erfordert ebenfalls den Besitz einer Miniatursäge. Es ist nicht immer notwendig, doch es ist nützlich, eine Klappsäge in Ihrer Sammlung zu haben. Äste können größer werden als der Durchmesser Ihrer Schneidewerkzeuge und dann ist eine Säge sehr nützlich. Denken Sie daran, dass Ihr Bonsai mit der Zeit an Größe zunimmt.

Wurzelharke

Eine Wurzelharke wird verwendet, um Schmutz von den Wurzeln Ihres Baumes zu entfernen. Sie brauchen dieses Werkzeug besonders dann, wenn Sie Ihren Bonsai umtopfen. Dieses Werkzeug hilft beim sanften Kämmen der Pflanzenwurzeln und beim Entfernen von Schmutz.

Dies sind die Werkzeuge, die ich allen Bonsai-Besitzern empfehle. Es sind nicht alle Werkzeuge aus dieser Liste unbedingt erforderlich, können sich jedoch je nach Situation als sehr nützlich erweisen.

Bei der Bonsai-Kunst arbeitest nicht du am Baum, sondern der Baum muss an dir arbeiten.

-John Naka-

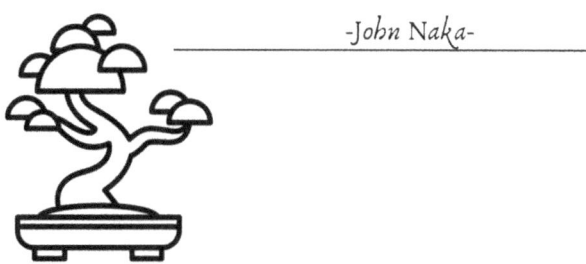

5

Aus Samen züchten oder einen Baum kaufen?

Ich werde oft gefragt: „Lassen Sie Ihre Bonsai-Bäume aus Samen wachsen?" Dies ist eine gute Frage und obwohl es möglich ist, Ihren Bonsai aus Samen zu züchten, so würde dies sehr lange dauern, bis Sie die Früchte Ihrer Arbeit ernten können. Wenn Sie im Alter von vier Jahren mit der Bonsai-Kunst beginnen würden, dann würde es funktionieren, mit einem Samen zu beginnen. Im Allgemeinen empfehle ich, Ihr Hobby mit einem jungen Schössling zu beginnen.

Es dauert eine Weile, bis die Samen keimen und zu einer Pflanze werden, die für die Bonsai-Kunst geeignet ist. Ein Baum muss einen Stamm mit einem Durchmesser von 2,5 bis 5 cm haben. Die dafür benötigte Zeit ist variabel und hängt von der Baumart ab.

Bonsai-Bäume unterscheiden sich nicht sehr von den Bäumen, die Sie jeden Tag in der freien Natur sehen. Obwohl Bonsai-Bäume Miniaturbäume sind, so wachsen und leben sie dennoch genauso lange wie normale Bäume (manche Bäume können Hunderte von Jahren alt werden und einige sogar Tausende von Jahren). Das gibt einer

Pflanze viel Zeit zum Wachsen. Aus diesem Grund empfehle ich, nicht jahrelang auf das Wachstum eines Samens zu warten, sondern durch den Kauf eines Schösslings mehr Spaß an diesem Hobby zu haben. Ihre Fertigkeiten können sich dadurch schneller entwickeln und auch Ihre Liebe zu dieser Kunstform wird ebenfalls schneller wachsen.

Solange eine Pflanze einen relativ dicken Stamm hat, hat sie ein gutes Bonsai-Potenzial. Sie können Ihre örtliche Baumschule oder einen Gartenladen besuchen und erkunden, was diese anzubieten haben. Ich bin immer positiv überrascht, wenn ich in das Pflanzengeschäft in meiner Stadt gehe, um günstige Angebote für potenzielle Bonsai-Pflanzen zu finden. Wenn Sie diese Pflanzen richtig beschneiden und verdrahten, erhalten Sie wunderschöne Bonsais. Andere oft vergessene Möglichkeiten für Bonsais sind Pflanzen in Ihrem Garten oder in nahegelegenen Wäldern. Oftmals sind wir von wunderschönen Pflanzen umgeben.

Als allgemeinen Rat empfehle ich die Wahl von Pflanzen, die sehr pflegeleicht sind. Das heißt, dass solche Pflanzen es Ihnen verzeihen, wenn sie geschnitten, verdrahtet und neu eingepflanzt werden. Einige Bäume, die ich empfehle und die leicht zu finden sind (je nach Region), sind:

- Heckenkirschen
- Wacholder
- Zwergmispeln
- Ahorn

Abhängig von Ihrer Region gibt es viele weitere Pflanzen, die gut geeignet sind.

Wenn Sie einen Baum aus der Region nehmen, in der Sie leben, wird die Züchtung Ihres Bonsai-Meisterwerks viel einfacher und ebenso lohnend werden. Sie müssen die Lebensbedingungen der Pflanzen nicht neu simulieren und durch Ihre Pflege werden sie gut gedeihen.

Der beste Zeitpunkt, um einen Baum zu pflanzen, war vor 20 Jahren. Der zweitbeste Zeitpunkt ist jetzt.

-Chinesisches Sprichwort-

6

Baumarten
VERSCHIEDENE BELIEBTE BONSAI-BÄUME

Ich habe bereits einige Baumarten erwähnt, die sich für die grundlegenden Bonsai-Stile eignen. In diesem Abschnitt möchte ich etwas tiefer in einige der beliebtesten Bonsai-Arten eintauchen. Ich habe verschiedene Baumarten aufgelistet und Ihnen einige allgemeine Informationen sowie Zuchttipps bereitgestellt. Es handelt sich hierbei um Bäume, die Ihnen viel verzeihen und die deswegen für Anfänger geeignet sind. Dies ist wichtig, da Sie in der Lage sein müssen, Fehler machen zu dürfen.

Viel Spaß mit der unten stehenden Liste!

Buche

Buchen sind perfekt für die Bonsai-Kunst. Sie sind in der ganzen Welt in gemäßigten Zonen zu finden, was bedeutet, dass sie an die verschiedenen Jahreszeiten gewohnt sind.

Häufige Stile:

- Freier Stil

Boden:

- Wachsen gut in einem alkalischen (Kalk-)Boden

Tipps:

Ich empfehle, die Blätter alle zwei Jahre zu schneiden, um ihre Größe bei größeren Baumarten zu verringern. Es ist am besten, so früh wie möglich zu schneiden, da Buchen jedes Jahr nur einmal für kurze Zeit Blätter treiben.

Zeder

Es gibt viele Bäume auf der ganzen Welt, die allesamt als Zedern bezeichnet werden. Es gibt verschiedene Arten.

Häufige Stile:

- Aufrechter Stil, Kaskaden-Stil, geneigter Stil

Boden:

- Gedeiht gut in offenen, gröberen Böden

Tipps:

In der Bonsai-Kunst verwendete Zedern haben normalerweise schwächere Wurzelsysteme. In der Natur ist dies kein so großes Problem, da ihre Wurzeln tiefer in die Erde eindringen können. In einem Topf ist dies eine größere Herausforderung. Die Wurzeln sind zudem frostempfindlich, weswegen es in einem kalten Winter am besten ist, solche Bäume vor der Kälte zu schützen.

Kirschbaum

Kirschbäume gehören zur Familie der Rosengewächse. Diese Familie ist sehr vielfältig und umfasst Kirschbäume, Birnbäume, Apfelbäume, Rosen, Erdbeeren und einige andere. Auch die Kirschfamilie selbst ist sehr vielfältig. Dazu gehören Pflaumen-, Pfirsich- und Aprikosenbäume. Alle Mitglieder der Kirschfamilie sind ausgezeichnete Bonsais.

Häufige Stile:

- Kirschbäume sind für ziemlich jeden Bonsai-Stil geeignet

Boden:

- Einfache, beliebige (organische) Blumenerde

Tipps:

Es ist am besten, einen Kirschbaumboden immer feucht zu halten. Ich empfehle Ihnen auch, den Baum regelmäßig zu beschneiden. Dies stimuliert eine gesunde Stamm- und Blattproduktion.

Ulme

Ulmen gehören zu den anfängerfreundlichsten Bäumen, die es gibt. Sie werden Ihnen fast alles „vergeben" und sind sehr langlebig. Sie wachsen auf verschiedenen Böden und sollten in Ihrer Region leicht verfügbar sein.

Eine Ulme ist ein Baum, bei dem ich die Möglichkeit habe, ihn aus einem Samen zu ziehen. Es wird jedoch trotzdem viel Geduld erfordern und lange Zeit keine Ergebnisse bringen. Jedoch keimt der Samen schnell und Sie haben später schließlich ein schönes Kunstwerk.

Dickblättrige Ulme

Dickblättrige Ulmen bzw. Zedernulmen sind ebenfalls ideal für Anfänger und normalerweise leicht zu bekommen. Sie eignen sich gut für die meisten Bodentypen und benötigen nur wenig Wasser. Sie möchten lieber etwas trockener gehalten werden.

Chinesische Ulme

Chinesische Ulmen sind Bäume, die auch in Innenräumen gedeihen können. Sie haben ein vorhersehbares Wachstumsmuster und sind wie die meisten Ulmen sehr „verzeihend". Dies ist ein weiterer anfängerfreundlicher Bonsai. Die Rinde einer chinesischen Ulme ist sehr interessant. Sie kann von glatt bis korkartig variieren und weist viele Merkmale auf. Das Potenzial dieser Bäume, in Innenräumen zu gedeihen, beruht auf der Tatsache, dass sie sowohl Schatten als auch die pralle Sonne vertragen. Es ist lediglich wichtig, darauf zu achten, dass sie nicht austrocknen.

Häufige Stile:

- Kann nach jedem Stil beschnitten und geformt werden

Boden:

- Einfache, beliebige (organische) Blumenerde

Tipps:

Ulmen reagieren sehr gut darauf, dass ihre Blätter abgeschnitten werden. Es kann sogar Jahre geben, in denen es möglich ist, die Blätter zweimal zu schneiden. Solche Bäume wachsen sehr schnell.

Gingko

Ginkgobäume galten zunächst als ausgestorben, bis in China einige Exemplare entdeckt wurden. Die Bäume sind sexuell, was bedeutet, dass sie entweder männlich oder weiblich sind.

Häufige Stile:

- Streng und frei aufrecht

Boden:

- Ein Standardbodentyp ist großartig, das Wasser muss jedoch gut abfließen können

Tipps:

Ginkgos sind großartige Bonsai-Bäume, jedoch sind sie ziemlich schwer zu formen. Dies ist ein Baumtyp, der am besten in Ruhe gelassen wird, damit er seine eigene Form annehmen kann. Ginkgos haben zudem weiche Wurzeln, sodass sie ebenso wie Zedern über den Winter geschützt werden müssen.

. . .

Kamelie

Kamelienbäume sind sehr beliebte Bonsais. Sie blühen und gehören zu den schönsten Bonsai-Kunstwerken.

Häufige Stile:

- Frei aufrecht mit einem oder mehreren Stämmen. Sie können auch im Kaskadenstil geformt werden.

Boden:

- Da es sich um säureliebende Pflanzen handelt, ist es am besten, einen sauren, humusreichen Boden zu verwenden.

Tipps:

Kamelien wachsen am besten, wenn sie teilweise im Schatten stehen. Sie benötigen auch einen gewissen Schutz vor Frost.

Zwerggranatapfel

Zwerggranatäpfel haben im Laufe der Jahre an Popularität gewonnen. Sie haben tolle Blüten- und Fruchteigenschaften. Diese Eigenschaften in Kombination mit einem einzigartigen verdrehten Stamm machen sie zu einer sehr begehrten Art. Der Stamm lässt sich künstlich altern, damit diese Bonsai-Bäume natürlicher wirken.

Häufige Stile:

- Aufrecht, Kaskaden-Stil und verschiedene Landschaftsstile mit Felsen

Boden:

- Eine Mischung aus Kalk und Sand ist der perfekte Boden für sie

Tipps:

Zwerggranatäpfel haben gerne mediterranes Klima und Bedingungen. Sie brauchen eine heiße und sonnige Umgebung. Obwohl sie gut in der Sonne gedeihen, brauchen sie viel Wasser.

Ficus

Ein Ficusbaum ist eine beliebte Zimmerpflanze. Falsche Ficusbäume finden sich oft in Büros und Wohnhäusern. Sie geben ebenfalls sehr schöne Bonsai-Bäume ab. Ficusbäume werden oft auch als „Regenwaldfeigenbaum" bezeichnet und kommen ursprünglich aus Südostasien. In der freien Natur tragen diese Bäume jedes Jahr Früchte. Als Bonsai-Bäume passiert dies jedoch selten.

Häufige Stile:

- Viele Bonsai-Fans kombinieren diese Bäume mit Felsen in verschiedenen Stilen

Boden:

- Humusreicher, gut durchlässiger Boden macht diese Baumart glücklich und gesund

Tipps:

Ficusbäume lieben es, in der Sonne zu sein und gedeihen nicht so gut in der Kälte. Sie brauchen Schutz vor kaltem Wind. Ihre Wurzeln sind anfangs ziemlich spröde, doch wenn sie weiter wachsen, bekommen sie viel Kraft und Stärke.

Japanische Schwarzkiefer

Diese Bäume sind der Inbegriff von Bonsai als Kunstform. Sie sind nichts für Anfänger und erfordern viele Jahre an Sorgfalt und Aufmerksamkeit, um ihr meisterhaftes Aussehen zu erreichen. Die Entscheidung, eine japanische Schwarzkiefer zu kultivieren, ist eine große Aufgabe. Eine Schwarzkiefer besitzt keine der Eigenschaften, die bei einem Bonsai gesucht werden. Der von uns angestrebte kegelförmige Look ist nichts, was dieser Baum von Natur aus bietet. Seine oberen Äste erhalten normalerweise den größten Teil seiner Energie, was die unteren Äste schwächt.

Häufige Stile:

- Jeder Stil kann angewandt werden

Boden:

- Ein sandiger Lehmboden ist am besten für die Schwarzkiefer geeignet

Tipps:

Eine Schwarzkiefer sollte im Freien gezüchtet werden, denn sie liebt die pralle Sonne. Sie kann auch bei sehr heißen Temperaturen gedeihen. Zu beachten ist, dass der Boden zwischen den Bewässerungsperioden gut trocknen sollte.

Bäume sind Gedichte, die die
Erde in den Himmel schreibt.

-Khalil Gibran-

7

Worauf man bei einem Baum achten sollte

Es ist wichtig, dass Ihre Pflanze oder Ihr Baum bestimmte Eigenschaften hat, um einen guten Bonsai abzugeben. In diesem Abschnitt werden wir einige Dinge untersuchen, auf die Sie achten sollten, wenn Sie einen Schössling bekommen.

Ich habe diese Dinge auf fünf wichtige Aspekte eingegrenzt, die bei der Suche nach einer potenziellen Bonsai-Pflanze in einer Baumschule oder in einem Gartencenter zu berücksichtigen sind.

1. Die Wurzeln

Starke und gesunde Wurzeln sind der Schlüssel, wenn es darum geht, eine Bonsai-Pflanze zu finden. Schauen Sie sich die Basis und die Wurzeln eines Baumes genau an, um sicherzustellen, dass er ein starkes Fundament hat. Es ist am besten, wenn sich die Basis der Pflanze bzw. des Baumes in einem radialen Muster sanft auszubreiten scheint. Die Basis sollte für Stabilität sorgen und den Betrachter dazu einladen, von der Basis nach oben zu schauen, um auch den

Rest des Baumes bzw. der Pflanze in Augenschein zu nehmen. Eine instabil aussehende Pflanze macht es schwieriger, einen ausgewogenen und schönen Bonsai zu schaffen.

2. Der Stamm

Wir bewegen uns nun langsam von der Basis des Baumes bis zu seinem Mittelteil nach oben. Es ist sehr wichtig, den Stamm zu untersuchen und die Eigenschaften, auf die zu achten sind, unterscheiden sich je nach Pflanzenart. Normalerweise ergibt eine dicke, stabile Basis, die mit zunehmender Höhe langsam dünner wird, einen geeigneten Baum. Wenn Sie einen aufrechten Bonsai-Stil in Betracht ziehen, dann ist es wichtig, dass die Pflanze einen sehr geraden Stamm hat. Wenn Sie jedoch darüber nachdenken, andere Stile zu verwenden, dann ist es wichtig, dass Sie die Krümmungen und Verdrehungen im Stamm genau untersuchen.

Ich empfehle Ihnen, einen Stamm zu finden, der sich auf ungewöhnliche und interessante Weise krümmt. Ein solcher Stamm führt oftmals zu einem sehr beeindruckenden Bonsai. Die einzigartigen Verdrehungen laden den Betrachter ein, die Pflanze weiter zu untersuchen. Wenn Sie nach einer Krümmung bei einer potenziellen Pflanze suchen, dann folgen Sie dem Hauptstamm bis zu seinem höchsten Punkt. Diese Vorgehensweise wird Ihnen viel darüber erzählen, wie sich der Baum bzw. die Pflanze auf natürliche Art und Weise biegen und drehen wird.

3. Verzweigungsmuster

Die richtige Verzweigung zu bestimmen, ist etwas schwieriger. Die meisten Gartencenter und Baumschulen haben keine fertigen Bonsai-Pflanzen. Aus diesem Grund müssen Sie einige Nachforschungen anstellen. Wenn Sie einen Baum mit dicken unteren und dünneren höheren Ästen gefunden haben, dann haben Sie vermutlich ein passendes Exemplar. So sollten die Äste aussehen, die die Hauptstruktur Ihres Bonsai bilden. Auch sollte die Pflanze nur kleine Blätter haben. Wenn die Blätter zu groß sind, entsteht ein Bonsai, der unproportional aussieht. Manchmal kann es etwas schwierig sein, die richtige Form und das richtige Gleichgewicht der Äste im Vergleich zum Stamm des Baumes zu erkennen. Wenn Sie nicht das Gefühl haben, dass Sie das richtige Verzweigungsmuster sehen, dann suchen Sie weiter. Sie werden es spüren, wenn Sie den richtigen Baum gefunden haben, mit dem Sie arbeiten können.

Wenn Sie ein Verzweigungsmuster entdecken, das Sie anspricht, dann wird auch ein bestimmter Stil für Ihren Bonsai sichtbar. Sie werden das Potenzial für einen geneigten Stil oder eine Kaskade erkennen. Sie werden sehen, wo es noch etwas Wachstum, Unterstützung oder Zweige braucht und wie der Bonsai erblühen kann. Der Bonsai-Künstler in Ihnen wird erkennen, wie Sie mit diesem Baum bzw. dieser Pflanze arbeiten können, um seine bzw. ihre Schönheit hervorzuheben.

4. Gesundheitszustand

Ein Schritt, der definitiv nicht übergangen werden kann, ist die Untersuchung der Pflanze in Bezug auf einen guten

Gesundheitszustand. Bei Ihren ersten Bonsai-Pflanzen ist es besser, auf eine Pflanze zu verzichten, bei der Sie sich nicht hundertprozentig sicher sind. Wenn Sie nicht davon überzeugt sind, dass diese Pflanzen gesund ist, dann suchen Sie weiter. Eine geeignete Pflanze muss stark genug sein, damit Sie mit Verdrahtungen, Beschneiden und Trimmen herumexperimentieren können.

Um den Gesundheitszustand zu untersuchen, empfehle ich Ihnen, die Pflanze aus dem Behälter zu nehmen. Auf diese Weise können Sie besser überprüfen, ob sie sich in einem guten Zustand befindet. Prüfen Sie, ob sie weiße, faserige Wurzeln besitzt (dies ist ein positives Zeichen für Gesundheit und Wachstum). Dabei sind folgende Faktoren zu berücksichtigen:

- Gibt es neues Wachstum?

- Besitzt die Pflanze bunte und frische Blätter?

- Sieht der Pflanzenboden gut und ausreichend befeuchtet aus?

- Sieht die Pflanze insgesamt gesund aus?

5. Alterungspotenzial

Der letzte Schritt, der bei der Auswahl eines Baumes berücksichtigt werden muss, ist das Potenzial für ein gealtertes Aussehen. Bei einem Bonsai ist es sehr wichtig, dass er alt aussieht. Dieses gealterte Aussehen wird hauptsächlich durch die Rinde und den Stamm des Baumes ermöglicht. Die Rinde sollte ein attraktives Aussehen haben und der Stamm sollte einen guten Umfang besitzen. Was ebenfalls den Anschein eines höheren Alters erweckt, ist, dass sich ein Teil der Wurzelstruktur des Baumes nicht unter der Erde befindet. Wenn etwa ein Drittel der Wurzeln des Baumes freigelegt sind, entsteht eine wunderschöne dramatische Szene, die perfekt für Bonsai-Bäume ist.

Wenn Sie die fünf oben genannten Punkte berücksichtigen, werden Sie einen großartigen Schössling auswählen, um mit Ihren Bonsai-Werken zu beginnen. Ein solcher Baum wird eine harmonische Anordnung der Wurzeln und Verzweigungen haben, eine gute Rinde und einen festen Stamm besitzen sowie in einem guten Gesundheitszustand sein. Denken Sie daran, wie wichtig die Aspekte Gleichgewicht und Alterungspotenzial sind und schon haben Sie die Grundlagen für einen schönen Bonsai.

Unser gesamtes Wissen ist in den Bäumen gespeichert.

-Santosh Kalwar-

8

Einen Bonsai in einem Topf züchten

Bonsai-Bäume werden in einem Topf oder in einem Gefäß gezüchtet. Ein Teil der Bonsai-Zucht besteht in der Auswahl des richtigen Behälters. Es ist wichtig, dass der Topf mit der Pflanze harmoniert. Wir werden uns in Kapitel 13 (Umtopfen) eingehender mit diesem Thema befassen. Nehmen Sie sich Zeit, um den richtigen Behälter zu finden, aber achten Sie auch darauf, dass Sie ihn austauschen können, wenn Sie mit dem Gesamtbild Ihres Bonsais nicht mehr zufrieden sind. Die Entscheidung ist nicht in Stein gemeißelt. Haben Sie also viel Spaß damit und haben Sie keine Angst davor, kreativ zu sein. Die ersten Behälter für Bonsai-Pflanzen werden Trainingstöpfe genannt. Diese Töpfe dienen zur Entwicklung des Baumes und helfen ihm, sich vom Beschneiden seiner Wurzeln zu erholen. Alle Töpfe, die schwere Wurzeln halten können, eignen sich gut als Trainingstöpfe. Ich finde es jedoch am besten, einen Bonsai in einem Topf zu züchten, der dem endgültigen Topf sehr ähnlich ist.

Es ist üblich, dass ein Bonsai-Baum nicht mittig in seinem Topf platziert wird. Dies ist wichtig, um dem fertigen

Bonsai ein asymmetrisches Aussehen zu verleihen, hat aber auch eine tiefere symbolische Bedeutung. In der Mitte des Behälters sollen sich Himmel und Erde treffen und deswegen sollte an dieser Stelle nichts platziert werden, um diese Verbindung nicht zu unterbrechen.

Bevor Sie einen Bonsai in seinen Zuchttopf platzieren, müssen Sie die richtige Bodensubstanz verwenden, um Ihren Baum zu pflanzen. Der Zuchttopf sollte auch einige Abflusslöcher aufweisen. Diese Löcher sollten einen Durchmesser von mindestens einem Zentimeter haben. Dies verhindert, dass Ihre Pflanze beim Gießen „ertrinkt". Wenn Sie diese Vorbereitungen abgeschlossen haben, dann schneiden Sie nun Vliesstücke zu, die etwas größer sind als die Abflusslöcher in Ihrem Topf. Als Nächstes befestigen Sie die Vliesstücke mit etwas Draht, damit sie an Ort und Stelle bleiben. Das Vlies ist wichtig, damit beim Bewässern Ihres Baumes kein Schmutz aus dem Topf entweicht.

Nach Abschluss dieser Schritte ist es Zeit, die Wurzeln Ihres Baumes am Topf zu befestigen. Nehmen Sie dazu ein längeres Stück Draht und führen Sie es vom Boden Ihres Topfes durch die Abflusslöcher ein. Dieser Draht wird als „Verankerungsdraht" bezeichnet. Er wird nun an den Wurzeln Ihres Baumes befestigt. Nachdem dieser Verankerungsdraht angebracht und gesichert ist, können Sie den Topf weiter mit der entsprechenden Erde füllen. Klopfen Sie die überschüssige Erde ab und gießen Sie Ihren Baum ein wenig, um sicherzustellen, dass das Wasser korrekt ablaufen kann. Einige Bonsai-Fans machen an dieser Stelle bereits einige Feinschliffarbeiten. Sie legen Moos, andere Pflanzen oder Steine um ihren Baum, um ihn ähnlich einem Baum in voller Größe in der freien Natur zu gestalten.

Traditionelle Bonsai-Töpfe sind in verschiedenen Formen online oder in Fachgeschäften in den Ausführungen rund, oval, quadratisch, rechteckig und sechseckig erhältlich. Es ist wichtig, dass der Topf den Bonsai komplimentiert und dass er nicht zu groß ist oder vom Anblick des Bonsais ablenkt. Der Blick des Betrachters sollte auf die Pflanze selbst gerichtet sein, nicht auf den Behälter. Ich empfehle Farben, die den Baum ergänzen. Es ist in Ordnung, einen bunten Topf für einen blühenden Baum oder einen mit schönen Herbstblättern zu verwenden. Wenn die Rinde Ihres Baumes sehr rau ist oder ein sehr strukturiertes Aussehen hat, versuchen Sie, diese Textur auf dem Topf nachzuahmen. Auf diese Weise ergänzen sich Bonsai und Topf perfekt.

Tipps von den Brothers Green:

Kaskadenpflanzen - Ich empfehle Ihnen, einen tiefen Topf als Trainingstopf für eine Kaskadenpflanze zu verwenden. Wenn sie die Zeit hatte, sich richtig zu entwickeln, kommt sie schließlich in einen flachen Topf. Dies ist bei großen Exemplaren üblich. Sie werden in tieferen Töpfen „trainiert" und kommen dann in flachere Behälter. Kaskaden- und Halbkaskaden-Bonsais sieht man oft in runden oder rechteckigen Töpfen. Ich finde, dass sie in diesen Töpfen sehr gut aussehen, doch dies ist eine Sache des persönlichen Geschmacks.

Habe keine Angst davor, langsam zu wachsen, habe nur Angst davor, stillzustehen.

-Chinesisches Sprichwort-

9

Schneiden und Trimmen

Wenn Sie Ihren Baum schneiden und trimmen, bleibt er klein. Diese Prozedur „reinigt" Ihren Bonsai und hält ihn minimalistisch, sodass nur noch das Wesentliche übrig bleibt. Der Prozess beinhaltet auch die systematische Entfernung des intensiven Wachstums, das im Frühjahr auftritt. Es ist jedoch wichtig, dass Sie daran denken, nicht alles neue Wachstum auf einmal zu entfernen. Dies beschädigt den Baum erheblich und kann, wenn es nicht kontrolliert ausgeführt wird, zum Absterben führen. In dieser Zeit werden auch Wurzeln und Blätter geschnitten.

Manche Leute glauben, dass sie ihre Bonsais jeden Tag trimmen und schneiden müssen. Dies ist jedoch nicht wahr. Das Schneiden und Trimmen sollte höchstens dreimal im Jahr erfolgen. Bonsais können zu Beginn des Frühlings, zum Ende des Sommers und gegebenenfalls spät im Herbst geschnitten werden.

Nachfolgend erfahren Sie, was beschnitten, zugeschnitten und getrimmt werden sollte.

• • •

Schnitt:

Es ist häufig so, dass Sie eine Pflanze, die Sie aus einem Gartencenter oder einer Baumschule erhalten haben, ziemlich stark beschneiden müssen. Auch wenn es viel zu beschneiden gibt, schneiden Sie dennoch nicht zu viel weg, damit die Hauptäste nicht geschwächt werden. Nur überschüssige Blätter und unerwünschte Äste sollten entfernt werden. Alle Stümpfe sollten glatt mit Stielen sein.

Das Ziel des Beschneidens Ihres Baumes besteht darin, ihn wie einen reifen Baum aussehen zu lassen, den Sie in der Natur finden würden. Hierbei handelt es sich um eine ziemlich achtsame Aktivität, die sich stark davon unterscheidet, wie Sie zum Beispiel eine Hecke schneiden. Sie müssen sicherstellen, dass der Baum noch genügend Blätter für die Photosynthese hat und sich weiterentwickeln kann. Behalten Sie Zweige, die sich gegenüberstehen und in Richtung eines leeren Raumes wachsen.

Durch das Beschneiden bleibt die richtige Form eines Bonsais erhalten, lediglich überschüssiges Wachstum wird beseitigt. Außerdem ist dies auch ein Prozess, der neues Wachstum fördert. Einige Pflanzen sind langlebiger und reagieren sehr gut auf den Prozess. Sie können sich gut erholen und gesünder und schneller wachsen. Dies hängt jedoch von der Art des Baumes ab, manchen Baumarten fällt es schwerer, sich zu erholen. Wenn diese Pflanzen während der falschen Jahres beschnitten werden oder wenn sie zu oft zurechtgeschnitten werden, dann kann es passieren, dass sie es nicht überleben.

Eine übliche Form des Beschneidens von Bonsai-Bäumen wird als *„Finger-Beschneidungstechnik"* bezeichnet.

Dies bedeutet einfach, dass neues Wachstum zurückgehalten wird, das nicht mit der allgemeinen Form der Pflanze übereinstimmt. Dieser Vorgang regt neue buschige Blätter zum Wachsen an und lässt den Baum älter aussehen. Die Finger-Beschneidung erfolgt mit – richtig – Ihren Fingern. Sie nehmen den Teil der Pflanze, der unerwünscht ist, zwischen Daumen und Zeigefinger und kneifen ihn vorsichtig in einer Drehbewegung weg. Es ist besser, dies vorsichtig mit den Fingern zu machen, da eine Schere oft ein unnatürliches Aussehen hinterlässt.

Eine andere Art des Beschneidens wird als *Blatt-Beschneidung* (Defoliation oder auch Entlaubung) bezeichnet.

Diese Art der Beschneidung von Bonsai-Bäumen wird häufig bei Laub- und Tropenpflanzen durchgeführt. Auf diese Weise können überschüssige Blätter entfernt werden, was wiederum das Wachstum beschleunigt. Durch das Entfernen der Blätter während einer Pflanzenwachstumszeit wird automatisch eine neue Wachstumsperiode angeregt.

Ein Bonsai durchläuft nur einmal in seinem Leben einen gründlichen Beschneidungsprozess. Nachdem die Grundform festgelegt ist, muss er nur noch geringfügig beschnitten und zurechtgestutzt werden.

Zurechtstutzen:

Durch die Zurechtstutz-Technik können Sie neues Wachstum kontrollieren und Ihre Pflanze weiter formen. Zudem wird neues Wachstum stimuliert. Durch eine gute abgestimmte Zurechtstutz-Technik kann ein Baum dickere und gesündere neue Blätter bekommen. Zudem können Sie dadurch auch das Aussehen Ihres Pflanzenstamms steuern.

Es ist wichtig, winzige Sporen frühzeitig zu entfernen, bevor sie zu groß werden und eine Narbe hinterlassen.

Trimmen:

Die Wurzeln müssen während des gesamten Lebens Ihres Bonsais geschnitten werden. Es gibt eine lose Regel, dass es bei Bonsais ein gleiches Verhältnis von Zweigen zu Wurzeln gibt. Ich versuche gerne, alle faserigen Wurzeln wenn möglich zu behalten und schneide nur die überschüssigen Wurzeln ab. Die Oberflächenwurzeln sollten immer intakt bleiben. Sie spielen eine große Rolle dabei, Ihren Bonsai älter erscheinen zu lassen.

Es ist wichtig, dass Sie Ihren Bonsai nicht planlos abschneiden. Seien Sie sorgfältig und überlegen Sie genau, welche Zweige gehen müssen und welche bleiben sollen. Auf diese Weise bleibt die Pflanze im Gleichgewicht und gesund.

Liebe die Bäume, bis ihre Blätter abfallen und ermutige sie dazu, es nächstes Jahr nochmal zu versuchen.

-Chad Sugg-

10

Verdrahtung

Nachdem Ihr Bonsai zurechtgeschnitten wurde, können Sie ihn auch durch Verdrahtung gestalten und formen. Die meisten der wunderschön gestalteten Bonsais wurden irgendwann verdrahtet. Dies ist ein wichtiger Teil dieser Kunstform. Ich muss ehrlich sein und Ihnen sagen, dass dies keine einfache Aufgabe ist. Für manche ist diese Technik eine Selbstverständlichkeit, doch die meisten brauchen etwas länger, um sie zu verstehen. Wenn Sie die Verdrahtung gut gemacht haben, haben Sie eine bessere Kontrolle und können das Aussehen Ihres Bonsai besser manipulieren, sodass Sie ein wunderschönes Kunstwerk erhalten.

Im Prinzip besteht die Verdrahtung darin, einen Draht um die Äste des Baumes zu wickeln, um ihn in eine gewünschte Position zu biegen. Der Draht hält dann den Baum in der von Ihnen festgelegten Position fest. Nach einigen Wochen oder Monaten hat der Teil der Pflanze, den Sie mit dem Draht umwickelt haben, diese Position „gelernt" und behält sie bei. Sie können dann den Draht entfernen und der Baum wird weiter in dieser Position wachsen.

Durch die Verdrahtung können gerade Stämme oder Zweige in natürlichere Positionen gebracht werden. Diese Aufgabe lässt sich am einfachsten mit jungen Zweigen durchführen. Wir können die Zweige nach unten oder horizontal verdrahten, wodurch der Eindruck eines reifen Zweigs entsteht. Wenn ein Bereich Ihres Bonsai relativ leer ist, können Sie mithilfe der Verdrahtung Zweige oder Blätter an diesen Stellen bewegen/formen. Wenn Sie dies schaffen, sieht Ihr Baum gleichmäßiger und schöner aus.

Der Prozess und die Technik

Ohne Verdrahtung müssen Bonsai-Fans geduldiger sein und unglaublich viel Glück haben, damit die Zweige und Blätter in die gewünschte Richtung wachsen. Nur die Verdrahtung macht die Bonsai-Kunst möglich. In den meisten Fällen sollten Sie Ihren Baum jedoch nicht in großem Umfang verdrahten müssen. In Kapitel 7 haben wir einige bewährte Methoden bei der Auswahl einer Bonsai-Pflanze besprochen. Dabei habe ich Ihnen empfohlen, nach einer zu suchen, die bereits das Potenzial für einen Stil und eine Form aufweist, die Ihnen gefällt. Auf diese Weise haben Sie bereits die natürliche Form der Baumart berücksichtigt. Sie haben eine ungefähre Vorstellung davon, wie der Bonsai aussehen kann und Sie nutzen die Verdrahtung nur als kleinen Stupser in die richtige Richtung.

Ich empfehle Anfängern, einen Aluminiumdraht zu verwenden. Mit diesem Draht können Sie leichter herumexperimentieren. Anschließend können Sie die Verwendung von Kupferdraht in Betracht ziehen, da dieser mehr

Haltekraft hat, allerdings ist er schwieriger zu handhaben. Um den Lernprozess zu vereinfachen, empfehle ich Ihnen deshalb, zu Beginn einen Aluminiumdraht zu verwenden. In den meisten Fällen benötigen Sie einen Draht, der etwa einem Drittel der Entfernung des Astes oder Stammes entspricht, den Sie biegen möchten. Es geht darum, das Gleichgewicht zwischen einem Draht zu finden, der dünn genug ist, um leicht verdreht und gebogen zu werden, aber auch dick und stark genug ist, um den Ast an Ort und Stelle zu halten.

Es ist am besten, wenn die Zweige vor dem Verdrahten etwas beweglich und flexibel sind. Dies erreichen Sie dadurch, indem der Baum am Tag vor der geplanten Verdrahtung nicht bewässert wird. Warten Sie, bis die Erde Ihres Bonsais leicht ausgetrocknet ist. Dadurch wird der Baum etwas geschmeidiger. Ich sage Bonsai-Anfängern immer, dass sie unten am Baum beginnen und sich dann nach oben arbeiten sollen. Die Basis dient als „Anker", da sie das stärkste Stück des ganzen Bonsai-Baumes ist. Wir wollen zudem keine Äste beschädigen. Deshalb verwende ich gerne Schaumstoffpolster als Schutzschicht. Der Draht sollte nur über den Schaum gewickelt werden. Auf diese Weise werden die Zweige geschützt.

Bevor Sie mit der Verdrahtung beginnen, können Sie die benötigte Drahtlänge abschätzen. Es ist üblich, einen Draht zu verwenden, der um ein Drittel länger ist als der Zweig, den Sie verdrahten möchten. Eine andere Möglichkeit, die ich bevorzuge, besteht darin, die Drahtspule in der Hand zu halten und den Draht erst abzuschneiden, wenn der Zweig komplett verdrahtet ist. Auf diese Weise müssen Sie nicht schätzen und es wird Ihnen während des Aufwickelns nicht der Draht ausgehen.

Das ästhetischste Aussehen wird erzielt, wenn der Draht in einem 45-Grad-Winkel von einem Ast oder Stiel angebracht wird. Je nachdem, wie es bequemer für Sie ist, halten Sie mit einer Hand den Ankerpunkt (die Basis) fest und mit der anderen den Draht weiter unten am Ast. Verwenden Sie möglichst Daumen und ersten Finger und machen Sie mit Ihrem Handgelenk eine kreisende Bewegung, während Sie sich um den Ast bewegen. Wenn Sie sich weiter nach oben bewegen, sollten Sie dazu in der Lage sein, die Hand am Ankerpunkt ebenfalls weiter zu bewegen. Der gewickelte Draht sollte sich nun nicht mehr bewegen, während Sie die verbleibenden Teile des Zweigs weiter verdrahten. Die Zweige sollten langsam und vorsichtig gebogen werden. Achten Sie auf Anzeichen von Astrissen oder -splittern. Wenn Sie Anzeichen von Schäden feststellen, hören Sie sofort auf.

Einige Baumarten wachsen schneller als andere. Dies wirkt sich nicht nur darauf aus, wie lange der Draht an Ihrem Bonsai angebracht werden muss, sondern auch darauf, wie fest Sie ihn aufwickeln sollten. Schnellwachsende Pflanzen sollten viel lockerer verdrahtet sein. Auf diese Weise riskieren Sie nicht, Ihren Bonsai zu verletzen oder unnatürliche Spuren zu hinterlassen. Es ist wichtig, dass Sie Ihren Bonsai verstehen. Einige Arten biegen sich nicht mehr, wenn sie ein bestimmtes Alter erreichen. Sie können nur verdrahtet werden, wenn ihre Zweige noch jung und nicht ausgehärtet sind.

Es ist wichtig, entscheidungsfreudig zu sein. Stellen Sie bei der Verdrahtung eines Zweigs sicher, dass Sie ihn so positionieren, wie Sie ihn haben möchten und halten Sie sich dann an diesen Plan. Durch wiederholtes Biegen und Umverdrahten eines Astes wird Ihr Bonsai geschwächt. Es ist nicht notwendig, die Gesundheit Ihres Bonsais auf diese Weise zu gefährden.

Was passiert im Inneren der Pflanze?

Bei korrekter Ausführung beschädigt die Verdrahtung die Pflanze in keiner Weise. Bei der Bonsai-Kunst wollen wir das nachbilden, was wir in der Natur sehen. Dies bedeutet, dass alle Stile und Formen die Art und Weise nachahmen, wie Bäume auf natürliche Weise gedeihen.

Schauen wir uns genauer an, wie ein Zweig seine neue Position „erlernt" und entwickelt. Das Verdrahten eines Baumes verursacht kleine Brüche unterhalb der Rinde eines Astes. Die Kambium- oder auch Gewebeschicht der Pflanze repariert und heilt die Risse im Inneren des Astes. Wenn der Heilungsprozess abgeschlossen ist, behält der Ast seine neue Position bei. Der gleiche Prozess findet in der Natur statt, wenn ein starker Wind einen Baum biegt oder andere Faktoren seine Baumstruktur neu ordnen.

Wenn Ihr Baum Zeit bekommt, um sich zu erholen, reagiert er gut auf die Verdrahtung. Er wird sein gesundes Wachstum fortsetzen und sich gut an seine neue Form anpassen. Wenn ein Baum zu Beginn schwach oder ungesund ist, dann empfehle ich keine Verdrahtung. Warten Sie entweder, bis er an Kraft gewonnen und sich erholt hat oder beginnen Sie mit einer neuen Pflanze.

Schaue tief in die Natur, dann
wirst du alles besser verstehen.

-Albert Einstein-

11

Wann soll verdrahtet werden?

Der beste Zeitpunkt, um einen Bonsai-Baum zu verdrahten, hängt weitgehend davon ab, um welche Art von Baum es sich handelt.

Eine allgemeine Regel lautet, dass Sie Ihren Baum im Winter nicht verdrahten sollten. Risse, die während der Verdrahtung auftreten, brauchen Zeit, um zu heilen. In der kalten Jahreszeit geht dieser Vorgang nicht so leicht vonstatten, da die Bäume inaktiv werden. Auf diese Weise kann es passieren, dass der Ast nicht richtig verheilt und abstirbt.

Theoretisch können die meisten Baumarten zu allen anderen Jahreszeiten bei ausreichender Erholungszeit verdrahtet werden. Sehen wir uns die besten Zeiten für die Verdrahtung an, und zwar in Abhängigkeit von der jeweiligen Baumart.

Beste Zeit zum Verdrahten - Laubbaumarten

In wärmeren Klimazonen sollten Sie Laubbäume im Herbst verdrahten, da sie zu diesem Zeitpunkt ihre Blätter verloren haben. Der Baum ist dann „nackt", was es einfacher macht, einen vollständigen Überblick über seine Form zu erhalten. Er wird auch noch genug Zeit haben, um zu heilen, bevor es in die Winterruhe geht.

Eine weitere gute Zeit, um Laubbäume zu verdrahten, ist im Frühjahr, kurz bevor sich die Blätter öffnen. Zu dieser Zeit müssen Sie Ihren Baum allerdings sehr vorsichtig verdrahten, da sich neue Blätter und Blütenknospen auf den Frühling vorbereiten. Achten Sie also darauf, dass sie sich nicht lösen.

Laubbäume können zwar jederzeit verdrahtet werden, es kann aber schwieriger sein, die Struktur Ihres Bonsai zu planen, wenn seine Blätter im Weg sind. Es kann sehr schwierig sein, die Zweige mitsamt den Blättern zu verdrahten und wenn sie sich im Draht verfangen, kann der Baum unnatürlich aussehen. Ein positiver Vorteil der Verdrahtung während der Wachstumsperiode Ihrer Bäume besteht darin, dass Äste sehr schnell heilen. Ich empfehle, die Verdrahtung alle paar Tage zu überprüfen, damit Sie sicher sein können, dass sich kein Draht in den Baum hineingräbt.

Im Allgemeinen ist es am besten, einen Baum zu verdrahten, wenn er „nackt" ist. Auf diese Weise können Änderungen gründlicher geplant werden.

Beste Zeit zum Verdrahten - Nadelbaumarten

Nadelbäume können jederzeit ab dem Frühjahr bis zum Herbst verdrahtet werden. Diese Baumart heilt den ganzen Winter über, sodass Sie sie auch im späten Herbst bequem verdrahten können. Das Verdrahten eines Nadelbaums dauert normalerweise etwas länger. Sie müssen den aufgewickelten Draht manchmal über den Winter länger auf einem Ast lassen. Wenn die Temperaturen unter -10 Grad Celsius fallen, empfehle ich einen Frostschutz.

Nadelbaumarten benötigen normalerweise eine jährliche Verdrahtung. Die meisten Bonsai-Fans sind der Meinung, dass Nadelbäume irgendwann eine vollständige Verdrahtung ihrer Struktur benötigen. Nadelbäume erfordern die meiste Arbeit, um ein erfolgreiches Design zu erreichen. Die beste Zeit dafür ist Mitte des Sommers bis Anfang Herbst. Der Baum heilt schnell und Sie müssen nicht befürchten, dass Äste währenddessen zu stark an Dicke zulegen.

Beste Zeit zum Verdrahten - Tropische Arten

Diese Baumarten können zu fast jeder Jahreszeit verdrahtet werden. Sie haben keine Ruhephase und es besteht kein Grund zur Sorge wegen Frost. Ich empfehle Ihnen, Ihre Verdrahtung bei dieser Baumart häufig zu überprüfen. Tropische Bäume können ein intensives Wachstum haben. Wenn sie nicht regelmäßig überprüft werden, besteht ein hohes Risiko für Drahtnarben.

Der Draht kann in der Regel nach einem halben Jahr entfernt werden. Die Zweige werden dann von alleine in dieser Position verweilen. Wenn Sie den Draht entfernen, ist es immer besser, ihn vorsichtig abzuschneiden anstatt ihn abzuwickeln. Das händische Abwickeln von Drähten kann zu Abbruch oder Abreißen des Astes führen. Drahtschneider liefern die besten Ergebnisse. Wenn ein Ast reißt, verbinden Sie ihn vorsichtig mit Hilfe eines Gartenbandes. Er wird wieder sauber zusammenwachsen, wenn Ihr Baum gesund genug ist.

Ein Hauch von Natur macht die ganze Welt miteinander verwandt.

-William Shakespeare-

12

Bewässerung und Düngung

Die Bewässerung scheint ein sehr einfacher Prozess zu sein, ist jedoch eine der häufigsten Ursachen für Probleme mit Ihrem Bonsai. Es gibt ein feines Gleichgewicht in Bezug auf die Bewässerung Ihres Baumes. Geben Sie ihm zu wenig Wasser, dann wird er austrocknen und seine Gesundheit wird beeinträchtigt. Geben Sie ihm zu viel Wasser, dann kann er „ertrinken" und verrotten. Lassen Sie uns einige bewährte Methoden für die Pflege Ihres Bonsais untersuchen.

Ich werde häufig von Freunden gefragt, die gerade erst mit dem Hobby anfangen, wie mein Bewässerungsplan aussieht. Das ist eine gute Frage, doch sie folgt dem falschen Gedankengang. Eine wichtige Regel, die Sie beachten sollten, besteht darin, dass Sie niemals nach einem bestimmten Ablauf gießen sollten. Je nach Art sollten Sie täglich auf den Wasserbedarf achten, jedoch nur nach Bedarf bewässern. Es kann eine Woche geben, in der Sie jeden Tag bewässern müssen. Es kann aber auch eine Woche geben, in der Sie Ihren Bonsai nur zweimal gießen müssen. Bei der Bewässerung nach einem festen Zeitplan besteht die

Gefahr, dass die Pflanze zu nass wird. Dies führt schließlich dazu, dass Ihr Baum abstirbt, da seine Wurzeln ersticken.

Die angemessene Zeit zwischen dem Gießen hängt von einer Reihe von Faktoren ab. Der Baumtyp, die Luftfeuchtigkeit, die Temperatur und der Wind spielen eine wichtige Rolle. Einige Bonsais müssen alle zwölf Stunden und andere lediglich alle sieben Tage bewässert werden. Wenn Sie bemerken, dass die Erde, in der sich Ihr Bonsai befindet, auszutrocknen beginnt, ist dies ein Zeichen dafür, dass Ihr Bonsai wieder bewässert werden kann. Es ist jedoch wichtig zu beachten, dass dies stark von der Art abhängt.

Bonsai-Töpfe sind normalerweise relativ klein und flach. Dies schränkt ein, wie stark sich die Wurzeln eines Baumes ausdehnen können und erschwert seine Pflege. Dies zeigt, wie viel Sorgfalt und Praxis Bonsai-Fans für diese Kunstform entwickeln. Das richtige Gießen eines Bonsais kann als eine eigene Wissenschaft betrachtet werden. Einige Bäume vertragen Trockenperioden, andere benötigen nahezu konstante Feuchtigkeit. Es ist auch eine Herausforderung, die Gesundheit Ihrer Bäume anhand der Blätter zu beurteilen. Viele Arten wie Wacholder zeigen keine Anzeichen von Austrocknung, bis es bereits zu spät ist. Ein Wacholder kann grüne und gesunde Blätter haben, obwohl sein Wurzelsystem bereits abgestorben ist.

Düngemittel

Sie sollten Ihren Bonsai während der gesamten Wachstumsperiode zweimal im Monat mit wasserlöslichem Dünger düngen. Die Art des Düngers hängt davon ab, welche Art von Baum Sie haben. Ich empfehle Ihnen, den Dünger bei feuchtem Boden und nur während oder kurz vor dem aktiven Wachstum zu verwenden. Ein normaler Zimmerpflanzendünger, der auf etwa die Hälfte der normalen Stärke verdünnt ist, reicht völlig aus.

Die Verwendung von Dünger ist ein anderer Prozess als das Umtopfen, das wir uns im nächsten Kapitel anschauen werden.

Bäume sind so nahe an der Unsterblichkeit wie der Rest von uns es niemals sein wird.

-Karen Joy Fowler-

13

Umtopfen

Das Umtopfen ist eine unkomplizierte und einfache Aufgabe, wenn sie korrekt und zum richtigen Zeitpunkt ausgeführt wird.

Die meisten Bonsai-Bäume müssen jedes Jahr oder zumindest alle zwei Jahre im Frühjahr umgetopft werden. Wenn sie nicht umgetopft werden, leidet ihre Gesundheit und ihr Wurzelsystem. Das Umtopfen verhindert, dass der Baum im Topf verankert wird (dies bedeutet, dass die Wurzeln der Pflanze nirgendwo mehr Platz zum Wachsen haben) und fördert das Wachstum der Futterwurzeln. Auf diese Weise ist Ihre Pflanze effizienter und gesünder. Während des Umtopfvorgangs ersetzen Sie auch die alte Erde im Topf. Mit der Zeit ist die Blumenerde abgestanden und behindert das Wachstum.

Wenn Sie feststellen, dass es zunehmend länger dauert, bis das Wasser durch die Blumenerde abfließt, bedeutet dies, dass es Zeit wird, Ihre Pflanze umzutopfen. Wenn sich also die Wurzeln Ihres Bonsais um die Seiten des Topfes schlängeln, dann ist dies ein eindeutiges Zeichen dafür, dass Sie umtopfen müssen.

. . .

Schritt 1

Der erste Schritt besteht darin, Ihren Baum aus seinem aktuellen Topf zu nehmen. Kippen Sie den Topf vorsichtig zur Seite und bewegen Sie den Baum langsam an seiner Wurzelbasis. Ziehen Sie nicht zu fest, da Sie sonst riskieren, Ihren Bonsai von wichtigen Wurzeln zu trennen. Wenn Sie ihn nicht leicht herausbekommen, versuchen Sie, ein wenig fester zu ziehen und klopfen Sie fest auf die Seite des Topfes. Eine andere Möglichkeit besteht darin, einen Stock durch die Abflusslöcher zu stecken, um die Wurzeln des Baumes herauszudrücken.

Schritt 2

Verwenden Sie eine Harke, um Moos oder Pflanzenteile an den Wurzeln zu entfernen. Versuchen Sie, die Wurzeln beginnend von einer Seite zu entwirren und arbeiten Sie sich dann langsam um das gesamte Wurzelwerk herum. Ich empfehle Ihnen, sich Zeit damit zu lassen, damit Sie nicht die wichtigsten Wurzeln beschädigen.

Schütteln Sie die Erde weiter ab, bis nur noch die Hälfte der ursprünglichen Menge an den Wurzeln übrig ist. Ich empfehle, die Wurzeln mit Wasser zu besprühen, damit sie nicht austrocknen und die Erde leichter entfernt werden kann.

Schritt 3

Jetzt ist es an der Zeit, die Wurzeln der Pflanze zu beschneiden. Verwenden Sie ein sehr scharfes Schneidewerkzeug, da einige Baumarten hartnäckige Wurzelsysteme haben. Schneiden Sie in erster Linie die dicken, alten, braunen Wurzeln ab (diese befinden sich normalerweise nahe am Rand Ihres Topfes).

Tipp der Brothers Green:

Stellen Sie sicher, dass Sie viel Erde an jener Stelle entfernen, an der Sie Wurzeln schneiden möchten. Wenn Sie Wurzeln samt Erde durchschneiden, wird Ihre Schere schnell stumpf.

Schritt 4

Nach dem Entfernen der alten Wurzeln, die ihren Zweck nicht mehr erfüllen, ist es an der Zeit, die überschüssigen dünneren Wurzeln zu beschneiden. Sie hängen normalerweise unterhalb des Topfes und müssen ebenfalls in eine geeignete Form gebracht werden, damit die Pflanze wieder bequem in den Topf passt. Es ist perfekt, wenn Ihre Pflanze mit einem Abstand von etwa einem Zentimeter zwischen den Rändern in ihren Topf passt.

Schritt 5

Nun haben Sie den schwierigsten Teil des Umtopfens erledigt. Jetzt ist es an der Zeit, Ihren ursprünglichen Topf zu reinigen oder einen neuen Topf auszuwählen. Ab jetzt werden wir die gleichen Techniken anwenden, die wir in Kapitel 8 (Einen Bonsai in einem Topf züchten) beschrieben haben. Wir werden die Abflusslöcher mit Vlies bedecken und unsere Pflanze gut im Top befestigen.

Nach dem Umtopfen sollten Sie Ihren Baum gründlich gießen. Möglicherweise müssen Sie Erde nachfüllen, da sie durch die Bewässerung nachgibt. Stellen Sie den Baum an eine Stelle, an der er keinen extremen Temperaturen ausgesetzt ist. Er braucht Zeit, um sich richtig zu erholen. Außerdem empfehle ich, keinen Dünger hinzuzufügen, da dies den Baum belasten kann. Nach ungefähr einem Monat haben sich die Wurzeln erholt. Bonsai-Fans ergänzen auch gerne den Schnitt an den Wurzeln mit einem Astschnitt. Auf diese Weise können sich die Bonsais schneller erholen und müssen nicht so hart arbeiten, indem sie gleichzeitig zu viele Zweige und Blätter ernähren müssen.

Bonsais können Preise von mehr
als 400.000 Dollar erzielen.

-Bonsai-Fakten von Verdissimo-

14

Saisonale Pflege

Unterschiedliche Jahreszeiten erfordern unterschiedliche Arten, wie Sie sich um Ihren Bonsai kümmern sollten. Es gibt verschiedene Bedingungen und Umstände, die sich auf Ihren Bonsai auswirken können. Da die Bäume klein sind, müssen Sie möglicherweise mehr tun, um sie zu schützen. Werfen wir einen genaueren Blick auf die Jahreszeiten und untersuchen, was Sie möglicherweise tun müssen.

Sommer

Im Sommer sollten Waldbaum-Bonsais immer draußen sein. Sie brauchen sonnige Tage, kühle Nächte und eine gute Luftzirkulation. Wenn Sie einen Bonsai zum Präsentieren nach innen bringen möchten, sollte dies für maximal drei Stunden sein.

Wenn Sie in einer Region leben, die dieses Sommerklima nicht bietet, dann müssen Sie versuchen, es zu simulieren. Solche Bonsais benötigen täglich ca. vier Stunden direktes Sonnenlicht und sollten nachmittags in den Schatten gebracht werden. Einige Bonsai-Fans stellen ihre Bonsais auch auf einen leicht geneigten Ständer. Auf diese Weise kann bei Regen leichter Wasser aus dem Topf abfließen. Extreme Bedingungen sind für einen Bonsai niemals gut. Zu viel Regen, Sonne und Wind gefährden Ihren Baum.

Herbst

Im Herbst ist es Zeit, Ihren Bonsai auf den Winter vorzubereiten. Dies geschieht am besten, indem das Wachstum verlangsamt wird. Bewässern Sie den Baum seltener und düngen Sie ihn nicht. Ich empfehle Ihnen auch, nach Mitte August keine Zweige mehr zu beschneiden oder zu trimmen.

Winter

Der Winter ist die riskanteste Zeit für einen Bonsai. Die konstanten niedrigen Temperaturen und trockenen Winde können einen Miniaturbaum leicht töten. Ich empfehle Ihnen, Ihren Bonsai zu schützen, wenn die Temperatur unter -2 Grad Celsius fällt. Das bedeutet, dass Sie den Bonsai in ein Gewächshaus oder in den Keller stellen sollten. Dies sind alles Möglichkeiten, um Ihren Baum vor Frost zu schützen. Wenn Sie sich für einen kalten Raum entscheiden, vergessen Sie nicht, den Bonsai zu gießen. Denken Sie daran, sorgfältig zu prüfen, wie viel Wasser benötigt wird. Es wird nicht jeden Tag notwendig sein, den Bonsai zu bewässern.

Bonsais können im Allgemeinen bei Temperaturen bis zu -10 Grad Celsius draußen bleiben, solange sie einen gewissen Schutz haben. Wenn die Temperaturen darunter fallen, müssen sie möglicherweise hineingebracht werden. Diese Schwankung der Umweltveränderungen ist zwar nicht gut für Ihren Bonsai, kann aber in extremen Situationen Ihre einzige Option sein. Laubbaum-Bonsais müssen eine kalte Ruhephase durchlaufen, ansonsten sterben sie ab.

Ruhe ist eine Überlebensstrategie für Bäume, um den Winter über am Leben zu bleiben. Sie haben eine biologische Uhr, die ihnen sagt, sie sollen sich auf frostige Temperaturen vorbereiten. Das ist etwas, das tief in ihrem System verwurzelt ist und nicht übergangen werden kann.

Während des Winters bedecken einige Bonsai-Fans ihre Pflanzen über Nacht mit einer Plane und entfernen sie tagsüber. Dies ermöglicht es dem Baum, ruhend zu bleiben, aber nicht zu erfrieren.

Frühling

Der Frühling ist die Zeit des Neuanfangs. Dies ist der perfekte Zeitpunkt, um neue Bonsais zu züchten, alte zu beschneiden und Ihre Fähigkeiten weiter zu verbessern. Es ist ein großartiger Zeitpunkt, um Ihren Bonsai weiterzuentwickeln und ihn wachsen zu lassen.

Die Pflege der Erde ist unsere
älteste und wertvollste und am
Ende unsere angenehmste
Verantwortung.

-Wendell Berry-

15

Präsentation Ihres Bonsais

Nach all der Pflege, Formgebung und Züchtung Ihres Meisterwerks ist es endlich an der Zeit, ihn zu zeigen. Das Präsentieren eines Bonsais ist ein entscheidender Aspekt dieses Hobbys. Die Art und Weise, wie Ihr Bonsai präsentiert wird, ist ebenso wichtig wie Stil, Topf und Baumart.

Es ist am besten, wenn sich Ihr Bonsai auf Augenhöhe befindet. Es gibt eine ungeschriebene Regel, dass ein Bonsai-Baum niemals auf den Boden gestellt werden darf. Während Sie Ihren Baum zu Ihrem idealen Bild geformt und beschnitten haben, haben Sie sich bestimmt auch Gedanken über die Vorderseite gemacht. Diese Vorderseite sollte auch nach vorne zeigen und für den Betrachter auf Augenhöhe positioniert sein.

Wenn Sie Ihre Sammlung erweitern, sollten Sie in einen Präsentationsständer investieren oder selbst einen bauen. Sie können entscheiden, ob Sie Ihre Arbeit auf einem einzigen Ständer präsentieren oder ob mehrere Bonsais auf einem größeren Regal miteinander harmonieren.

Es ist wichtig, zu bedenken, dass Ihre Bonsais auch während der Präsentation so positioniert sein sollten, dass sie immer noch das geeignete Licht oder den Sonnenschutz erhalten, die sie benötigen.

Einfachheit und Minimalismus sind der Schlüssel. In der japanischen Ästhetik und bei der Bonsai-Kunst ist es wichtig, dass Ihr Baum in einer übersichtlichen Umgebung gezeigt wird. Auf diese Weise können die Details geschätzt und bewundert werden. Das ist das wahre Wunder der Bonsai-Kunst.

Ein großartiger Hintergrund für einen einzelnen Bonsai oder eine Bonsai-Gruppe ist ein Kiesbett. Dies lenkt nicht die Aufmerksamkeit ab und ermöglicht es den Zuschauern, die Bonsais zu bestaunen. Ein einfacher Tisch vor einer leeren Wand eignet sich hervorragend für den Innenbereich.

Ich empfehle Ihnen, sich Zeit zu nehmen und herumzuexperimentieren, wenn es um die Präsentation geht. Stellen Sie den Bonsai an verschiedenen Stellen in Ihrem Haus auf (wenn möglich innen und außen, wenn das Wetter es zulässt). Man kann nie wissen, ob die Präsentation auf einem Fensterbrett oder auf einem Bücherregal der perfekte Ort sein könnte.

Bonsais verleihen einem Raum eine perfekte persönliche Note, da sie eine einzigartige Eleganz ausstrahlen. Sie machen den Betrachter demütig und spiegeln unsere tiefe Verbindung zur Natur wider. Lesesäle, Büros, Eingangsbereiche und Terrassen sind potenziell großartige Ausstellungsorte für Bonsais.

Ich ermutige Sie, stolz auf Ihre Arbeit zu sein, wenn Sie Ihre Bonsais präsentieren. Es handelt sich um Ihre Kunstwerke und sie beweisen Ihre Geduld, Ihr Engagement und Ihre Sorgfalt. Präsentieren Sie Ihre Bonsais häufig. Sie können das Erscheinungsbild des Raums, in dem sich Ihre Bonsais befinden, stärker beeinflussen als wir glauben.

❝

Bonsais sind die einzigen Bäume, die nicht wegen ihrer Früchte gezüchtet werden oder wegen ihres Holzes oder um Wälder wiederaufzuforsten. Ihre Funktion besteht einzig und allein darin, als wunderschönes und entspannendes dekoratives Element zu dienen.

—Bonsai-Fakten von Verdissimo—

16

Ideen, Tipps und Tricks

Ich möchte diesem Buch einen Abschnitt hinzufügen, der einige allgemeine Tipps und Ideen enthält. Dies wird hoffentlich Anfängern sehr helfen und auch erfahrenen Bonsai-Fans einige nützliche neue Ideen aufzeigen. Anstatt eine Liste zu erstellen, lasse ich meinen Gedanken freien Lauf. Es handelt sich um Dinge, von denen ich wünschte, ich hätte sie gleich zu Beginn gewusst. Ich habe diese Dinge auf die harte Tour gelernt und versuche nun, mich daran zu halten ...

...Viel Spaß dabei!

... Bonsai ist eine Kunstform der persönlichen Präferenz. Perfektion gibt es nicht und Sie werden Fehler machen. Das ist normal und passiert sogar erfahrenen Bonsai-Meistern ...

... *Bäume sterben*. Leider ist dies eine traurige Tatsache dieses Hobbys. Wir arbeiten mit Lebewesen und müssen dies respektieren. Wenn dies bedauerlicherweise passiert, dann ist es am besten, herauszufinden und zu verstehen, warum es passiert ist. Auf diese Weise lernen Sie aus Ihren Fehlern und können dies in Zukunft verhindern ...

... *Verantwortung*. Wenn Sie einen Baum in einen Topf platzieren, verpflichten Sie sich, ihn zu pflegen. Bonsai ist nicht einfach ein Hobby, Sie haben eine Verantwortung. Mit Geduld und Sorgfalt sind die Belohnungen enorm ...

... *Geduld ist der Schlüssel*. Bei der Bonsai-Kunst gibt es keine sofortige Befriedigung. Dies ist normalerweise auch bei anderen Errungenschaften im Leben der Fall. Talentierte Künstler, Sportler und Unternehmer arbeiten in der Regel mehr als zehn Jahre lang hart und dann meint man, dass sie über Nacht zu Erfolg gekommen sind. Bei Ihrem Baum kann es auch Jahre dauern, bis Sie ihn als „Bonsai" bezeichnen können. Lassen Sie sich davon nicht entmutigen, genießen Sie den Prozess und die Erfahrung ...

... *Lassen Sie die Natur ihre Arbeit machen*. Es ist normal, dass wir ständig an unseren Bäumen herumbasteln und herumspielen wollen. *Nur noch ein kleiner Schnitt hier und ein wenig Wasser da und oh, lassen Sie mich hier noch kurz etwas trimmen*. Befolgen Sie die täglichen Anforderungen wie das Wasser zu überprüfen und stellen Sie sicher, dass Ihre Pflanze bei guter Gesundheit ist. Andernfalls lassen Sie den Baum wachsen. Viel Spaß beim Betrachten und lassen Sie die Natur ihre Arbeit machen …

… Das Beschneiden und Formen ist notwendig, doch geben Sie Ihrem Baum genügend Pause, um sich zu erholen. Manchmal ist es besser, wenn Ihr Baum einige unpassende Blätter hat. Er muss manchmal frei wachsen dürfen, das hält ihn stark und gesund …

… *Die Bedeutung des richtigen Moments*. Das Timing ist in der Bonsai-Kunst von entscheidender Bedeutung. Denken Sie daran, keine großen Umformarbeiten oder Umtopfarbeiten zur falschen Jahreszeit durchzuführen. Dies kann zu gesundheitlichen Problemen führen, die für den Baum nur schwer zu lösen sind. Ein Bonsai, der zur falschen Jahreszeit umgetopft wurde, kann überleben und sogar ein bisschen wachsen, aber er gedeiht nicht so, wie er möglicherweise hätte gedeihen können …

… *Lassen Sie den Baum ruhen*. Verschiedene Vorgänge wie Verdrahtung und Umtopfen verursachen bei einer Pflanze viel Stress. Geben Sie Ihrem Baum Ruhe zwischen wichtigen Gartenarbeiten. Ich habe festgestellt, dass eine gute Faustregel darin besteht, zwischen den Arbeiten an Ihrem Bonsai etwa zwei Monate zu warten. Wenn Sie deutliche Anzeichen für ein starkes Wachstum sehen, dann ist dies auch ein Zeichen dafür, dass Ihr Baum stark für Gartenarbeiten ist ...

... Obwohl Bonsais sehr empfindlich sind und gute Pflege benötigen, können sie auch sehr langlebig und verzeihend sein. Einen Fehler zu machen, ist normalerweise nicht das Ende der Welt. Ich habe viele Bäume gesehen, die ein starkes Comeback feierten, nachdem sie zuerst sehr schwach ausgesehen hatten ...

... Einige Bonsai-Anfänger sind dann entmutigt und glauben, dass dieses Hobby zu teuer, schwierig und zeitaufwändig ist. Dies ist einfach nicht wahr. Sie werden lernen, dass es entspannend, lustig und befreiend ist. Bonsai ist eine Kunst und Ausdrucksform ...

... Es gibt keine strengen Regeln. Das Wichtigste dabei ist, Spaß am Hobby zu haben. Sie können Ihren Bonsai nach Herzenslust gestalten. Verwenden Sie dieses Buch, andere Bücher und Videos als Leitfaden für Ihre Vision ...

... Die Dinge werden nicht immer nach Plan verlaufen. Genießen Sie den Prozess und lernen Sie weiter. Jeder war irgendwann einmal ein Anfänger ...

❝

Diese Eiche und ich, wir bestehen aus demselben Material.

-*Carl Sagan*-

Nachwort

„Bon-sai"

Die Bonsai-Kunst kann Anfänger zu Beginn entmutigen, ist aber in Wirklichkeit so einfach wie etwas in einen Behälter (bon) pflanzen (sai). Manchmal wird die Bonsai-Kunst mit so vielen verschiedenen Baumarten, -formen und -techniken verkompliziert, tatsächlich geht es lediglich um eine Pflanze in einer Schale. Eine Pflanze in einer Schale, die Sie einzigartig gestalten und formen können. Der wichtigste Aspekt für einen Anfänger ist zu lernen, wie man seinen Baum gesund hält und wie man ihn formt.

Wir haben eine Reihe von Themen behandelt und ich möchte Ihnen aufrichtig dafür danken, dass Sie dieses Buch gelesen haben. Es ist mir eine Ehre, dass Sie sich dafür entschieden haben und ich wünsche Ihnen viel Erfolg auf Ihrer Reise.

Am letzten Tag der Welt würde
ich einen Baum pflanzen wollen.

-W.S. Merwin-

Dankeschön

Vielen Dank für die Lektüre dieses Buches, ich hoffe, es hat Ihnen gefallen!

Wenn Sie die Informationen hilfreich gefunden haben, würde ich mich sehr freuen, wenn Sie eine Bewertung abgeben. Ihre ehrliche Meinung erleichtert es anderen Lesern, eine gute Kaufentscheidung zu treffen. Sie helfen mir auch dabei, mit großen Verlagen zu konkurrieren, die über große Werbebudgets verfügen und Hunderte von Bewertungen erhalten. Vielen Dank und Ihnen einen schönen Tag!

Ressourcen

Abgesehen von meinem eigenen Wissen und Erfahrungen habe ich folgende hervorragende Quellen benutzt, um dieses Buch zu schreiben:

Bonsaisite. (n.d.). Retrieved from http://www.Bonsaisite.com/

Bonsai Styles. (n.d.). Retrieved from https://www.Bonsaiempire.com/origin/Bonsai-styles

Online Guide On How To Grow A Bonsai Tree. (n.d.). Retrieved from https://www.growaBonsaitree.com/

Noall, L. (2016, October 03). Potting Bonsai Trees - A Step-by-Step Guide. Retrieved from https://www.Bonsaidirect.co.uk/blog/Bonsai-care-advice/potting-guides/potting-Bonsai-trees-a-step-by-step-guide/

Potting. (n.d.). Retrieved from http://www.Bonsaicarebasics.com/potting.html

F. (2017, June 26). Bonsai Tree Care for Beginners. Retrieved from https://www.ftd.com/blog/share/Bonsai-tree-care

Bonsai Pots. (n.d.). Retrieved from https://www.Bonsaiempire.com/basics/Bonsai-care/advanced/choosing-pots

Bonsaicarebasics. (n.d.). Retrieved from http://www.Bonsaicarebasics.com/

Bonsaidirect. (n.d.). Retrieved from https://www.Bonsaidirect.co.uk/

© **Copyright 2020 - Alle Rechte vorbehalten Admore Publishing.**

ISBN: 978-3-96772-018-1

ISBN: 978-3-96772-019-8

Coverdesign von Rihan W.

Titelbild von wallpapersafari.com

Die verwendeten Icons in diesem Buch wurden designt von:

- *Freepik, Surang, Smashicons, and Icongeek26 from www.flaticon.com*

Der in diesem Buch enthaltene Inhalt darf ohne direkte schriftliche Genehmigung des Autors oder Herausgebers nicht reproduziert, vervielfältigt oder übertragen werden.

Unter keinen Umständen wird dem Verlag oder Autor die Schuld oder rechtliche Verantwortung für Schäden, Wiedergutmachung oder finanziellen Verlust aufgrund der in diesem Buch enthaltenen Informationen direkt oder indirekt übertragen.

Haftungsausschluss:

Bitte beachten Sie, dass die in diesem Dokument enthaltenen Informationen nur zu Bildungs- und Unterhaltungszwecken dienen. Es wurden alle Anstrengungen unternommen, um genaue, aktuelle, zuverlässige und vollständige Informationen zu liefern. Es werden keine Garantien jeglicher Art erklärt oder impliziert.

Published by Admore Publishing: Roßbachstraße, Berlin, Germany

www.publishing.admore-marketing.com

www.ingramcontent.com/pod-product-compliance
Lightning Source LLC
LaVergne TN
LVHW012114070526
838202LV00056B/5725